Hugo präsentiert

300 g UNNÜTZES WISSEN
FÜR DEIN NONSENS-KNOW-HOW

HEEL

TRÄNEN LÜGEN NICHT ... ABER WARUM SIND SIE SALZIG?

BIST DU SCHNELLER ALS EIN CHAMPAGNER-KORKEN?

Hugo präsentiert

300 g UNNÜTZES WISSEN

FÜR DEIN NONSENS-KNOW-HOW

WIE VIELE EIER LEGT EINE HENNE PRO JAHR?

HEEL

HEEL Verlag GmbH
Gut Pottscheidt
53639 Königswinter
Tel.: 02223 9230-0
Fax: 02223 9230-13
info@heel-verlag.de
www.heel-verlag.de

© der deutschen Ausgabe:
2019 HEEL Verlag GmbH

Published in the French language originally under the title:
Les Questions cons
© 2016, Editions First, un département d'Edi8, Paris
ISBN 978-2-7540-8374-4

Design: Marie-Anne Abesdris
Lektorat: Aline Boucheron

Deutsche Ausgabe:
Übersetzung: Frederik Kugler
Satz und Cover: Axel Mertens
Lektorat: Hannah Kwella

Printed in Czech Republic

ISBN 978-3-95843-876-7

Das Buch der nicht sehr existenziellen Fragen

LIEBE LESER,

Sie haben dieses Buch aus zwei möglichen Gründen aufgeschlagen. Entweder, weil Sie den Typen auf dem Cover kennen und neugierig wurden oder weil Sie der Titel angesprochen hat, Sie aber mein Gesicht nicht zuordnen können. Und genau aus diesem Grund sollte ich Ihnen jetzt wohl erklären, wer ich bin und was ich mache.

Ich heiße Hugo und drehe seit Januar 2015 Internetvideos. Es macht mir Spaß, Fragen zu beantworten, die nicht ganz so existenziell sind und manchmal vielleicht sogar etwas dümmlich, aber trotzdem eine Antwort verdienen. Ich habe in diesem Buch die besten Fragen zusammengefasst, die mir meine Zuschauer gestellt haben (und selbstverständlich auch deren Antworten, da das Ganze ja sonst keinen Sinn ergeben würde ...), und mittlerweile freuen sich fast eine Million Menschen darauf, dass ich zweimal die Woche ihre Fragen beantworte. Aber natürlich wäre es auch schön, wenn mindestens genauso viele meine Antworten lesen würden!

Also, auch wenn Sie mich nicht kennen, dieses Buch ist trotzdem für Sie. Die vorliegende Zusammenstellung unnützer Fragen erlaubt es mir, auf Themen einzugehen, die uns alle schon einmal mehr oder weniger beschäftigt haben und Antworten zu finden, die vielleicht doch nicht so dumm sind, wie wir dachten und uns sogar weiterbilden können.

Eine letzte Sache noch: Dieses Buch wurde mit Liebe, Leidenschaft und äußerster Sorgfalt konzipiert.

VIEL SPASS
BEIM LESEN!

WIE VIELE WÖRTER SPRECHEN WIR AM TAG?

FRAGE VON LES PIPELLETTES

31 500 IM SCHNITT
(allerdings ohne meine Mutter, die den Schnitt locker sprengen würde!)

WELCHER IST DER HÄUFIGSTE VORNAME DER WELT?

FRAGE VON FTU

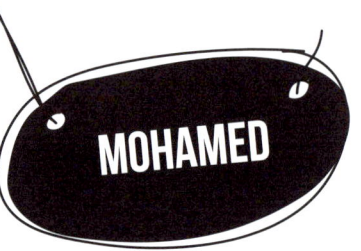

MOHAMED

UND DER HÄUFIGSTE FAMILIENNAME?

FRAGE VON MOI-MÊME

CHANG

STATISTISCH GESEHEN, MÜSSTE DER HÄUFIGSTE NAME DER WELT ALSO MOHAMED CHANG SEIN. STATISTISCH GESEHEN ...

WARUM SPRICHT MAN IN DER INFORMATIK VON EINEM „BUG"?

FRAGE VON LUCAS R.

Das englische Wort „bug" bedeutet so viel wie „Insekt", aber warum nur spricht man von einem **BUG**, wenn sich unser Rechner aufhängt?

Ganz einfach, weil die allerersten Bugs tatsächlich von Insekten verursacht wurden. In den 1940er-Jahren waren Computer noch nicht so klein wie heute, sondern nahmen unter Umständen einen ganzen Raum ein! Überall waren Kabel und sogar Glühbirnen! Die Geräte erhitzten und zogen alle möglichen Arten von Insekten an. Kakerlaken, Wanzen, Fliegen ... und wenn die Insekten in den Gehäusen herumspazierten und zwei Drähte gleichzeitig berührten, verursachten sie einen Kurzschluss. Kakerlaken befinden sich heute zwar nicht mehr in unseren Rechnern, aber der Ausdruck, der ist uns erhalten geblieben!

Warum haben Golfplätze 18 Löcher?

Frage von Ismail B.

Offiziell wurde der Golfsport 1754 im schottischen Ort St. Andrews begründet.

Ein Green besaß 12 Löcher und die Spieler überquerten es erst aus der einen und dann aus der anderen Richtung, um eine komplette Spielbahn (Routing) abzulaufen. Eine Eigenart des Spiels war jedoch, von den 24 Löchern nur 22 zu spielen, da das erste Loch als Abschlag diente, um das zweite Loch anzuspielen.

Zehn Jahre später empfand man die Entfernungen zwischen den ersten vier Löchern als zu gering und entfernte zwei Löcher, sodass ein Routing von 11 auf 9 Löcher verkürzt wurde und eine komplette Spielbahn nunmehr 18 Löcher umfasste.

Später wurde diese Spielbahn dann auf alle Golfplätze der Welt übertragen und ein eigener Abschlag definiert.

WARUM VERÖFFENTLICHT MICHELIN EINEN RESTAURANTFÜHRER?

FRAGE VON MATHIEU S.

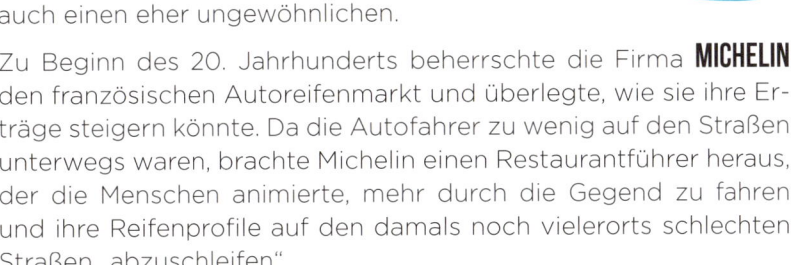

Auf den ersten Blick gibt es keinen wirklichen Zusammenhang zwischen Essen und Reifen. Wobei ... einen gibt es doch, wenn auch einen eher ungewöhnlichen.

Zu Beginn des 20. Jahrhunderts beherrschte die Firma **MICHELIN** den französischen Autoreifenmarkt und überlegte, wie sie ihre Erträge steigern könnte. Da die Autofahrer zu wenig auf den Straßen unterwegs waren, brachte Michelin einen Restaurantführer heraus, der die Menschen animierte, mehr durch die Gegend zu fahren und ihre Reifenprofile auf den damals noch vielerorts schlechten Straßen „abzuschleifen".
Was man nicht alles für den Verschleiß eines Autoreifens tut ...

18

SCHLAFEN FISCHE EIGENTLICH?

FRAGE VON MALIKATOR06.

Ein gesunder Schlaf ist für jedes Lebewesen gleichermaßen wichtig, und natürlich müssen auch Fische ab und an ein kleines Nickerchen einschieben, um fit zu bleiben.

Ihr Schlaf ist jedoch anders als der unsere, da sie weder ihre Augen schließen noch die ganze Nacht durchträumen. Man bezeichnet diese Phase der Inaktivität eher als „SCHLAFÄHNLICHEN ZU-STAND", wobei Untersuchungen des Organismus der Fische belegen, dass sich die Phasen der Aktivität und Inaktivität kaum voneinander unterscheiden, auch wenn Fische im Schlaf weniger auf Reize von außen reagieren als im Wachzustand.

Ein bequemes Bettchen oder eine Unterwasserherberge, in der sie nächtigen, brauchen sie also nicht. Sie verharren einfach reglos im Wasser oder auf dem Sand (und das je nach Art tagsüber oder in der Nacht).

DA FISCHE KEINE AUGENLIDER HABEN, DIE SIE SCHLIESSEN KÖNNTEN, FAHREN SIE EINFACH IHREN STOFFWECHSEL HERUNTER. EIN PAAR GANZ EITLE SCHLÜPFEN SOGAR IN EINE ART PYJAMA, INDEM SIE DIE FARBE WECHSELN ODER IHREN KÖRPER MIT SCHLEIM UMHÜLLEN ...

Da lobe ich mir doch meine Jogginghose und mein Kopfkissen!

35 cm

WARUM HABEN BABYS SO EINEN GROSSEN KOPF?

FRAGE VON HÉLÈNE I.

Machen wir uns nichts vor. So hübsch sie mit ihren strahlenden Augen von Papa und der zarten Nase von Mama auch aussehen mögen, Babys haben im Vergleich zu ihrem Körper einen RIESIGEN Kopf. Im Schnitt misst der Körper bei der Geburt 50 cm, während der Kopf einen Durchmesser von 35 cm aufweist – Proportionen, die einen Erwachsenen im Vergleich aussehen lassen würden wie ein Monster!

Also: **JA, DER KOPF IST RIESIG,** aber das Gehirn braucht eben seinen Platz. **SELBST WENN ES NUR FÜR DEN ERSTEN SCHREI IST.**

WARUM TRAGEN PIRATEN EIGENTLICH EINE AUGENKLAPPE?

FRAGE VON GREG678

Das hat weder mit Coolness zu tun, noch damit, bösartiger zu wirken (dafür sorgten schon ihre Schwerter und Kanonen). Es ging auch nicht darum, zu verhindern, dass sie nach einem ordentlichen Besäufnis alles doppelt sahen …

OH NEIN. Tatsächlich diente die Klappe den Piraten dazu, eines ihrer Augen schneller an die Dunkelheit zu gewöhnen, um sich besser auf Angriffe in den düsteren Frachträumen der Schiffe einzustellen. Auf diese Weise konnten sie blitzschnell reagieren, und wenn sie vom Hellen ins Dunkle wechselten, verschoben sie einfach die Klappe von einem Auge auf das andere und passten sich so an die jeweiligen Lichtverhältnisse an.
Und da Piraten weniger gewiefte Kämpfer als Seefahrer waren, erfüllte die Klappe auch in der Nacht beim Navigieren ihren Zweck.
Ein nützlicher Trick also, um genauso gut bei Tag wie bei Nacht sehen zu können – vor allem, weil es damals noch keine Scheinwerfer gab!

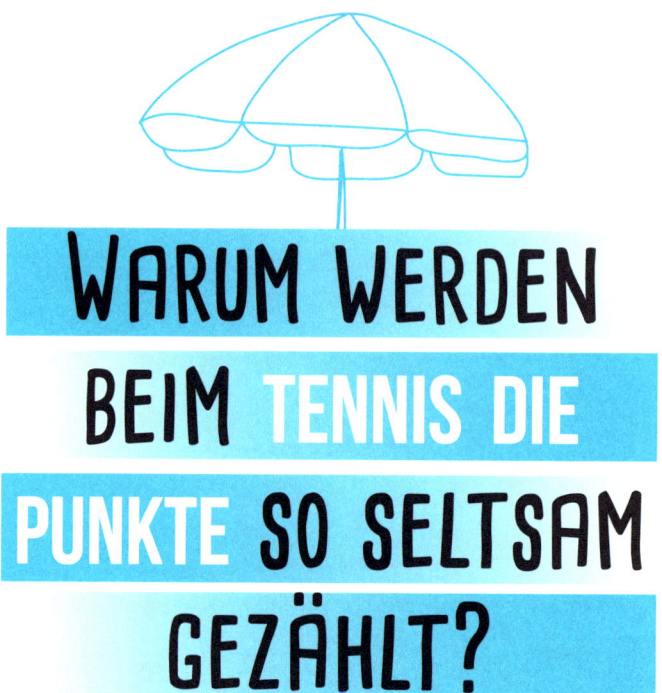

WARUM WERDEN BEIM TENNIS DIE PUNKTE SO SELTSAM GEZÄHLT?

FRAGE VON JULIE M.

Aha! Und schon stehen wir vor einem der größten Rätsel meines Lebens! Ich hatte zwar noch nie die Gelegenheit, ein Tennismatch live zu sehen, aber ich schaue mir Matches gerne im Fernsehen an und schätze diesen Sport sehr. Eine Sache verstehe ich beim Tennis jedoch nicht: **DIE ART, WIE GEZÄHLT WIRD.**

Von allen Schlägersportarten werden beim Tennis die Punkte auf die denkbar seltsamste Art gezählt: **NULL, 15, 30, 40, VORTEIL UND SATZ.** Um so zu zählen, muss man doch echt einen an der Klatsche haben!

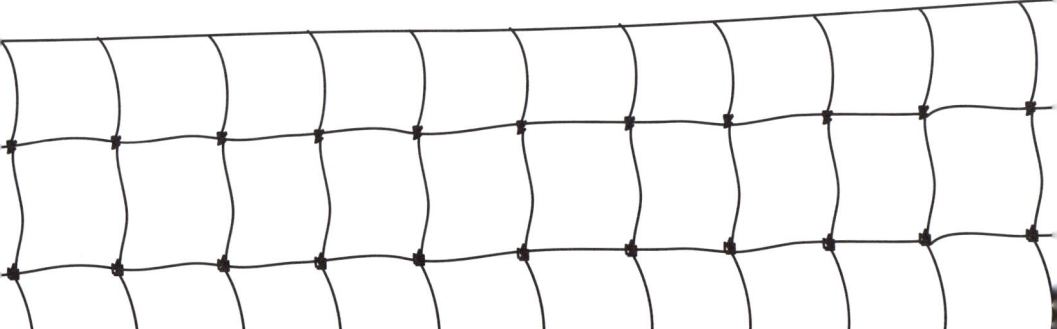

Diese Art zu zählen hat jedoch Prinzip. Ich will ja jetzt keinen Vortrag halten, aber es ist schon interessant zu wissen, dass Tennis aus einer alten Sportart hervorgegangen ist, dem **JEU DE PAUME** (Spiel mit der Handinnenfläche), einer sehr beliebten Sportart aus dem 16. Jahrhundert. Jedes Mal, wenn ein Spieler einen Punkt machte, durfte er sich dem Netz nähern, von dem er zu Beginn 60 Fuß entfernt stand und aufschlagen. Er machte also „Boden wett".

Nach dem ersten Punkt näherte man sich 15 Fuß, ebenso nach dem zweiten, was insgesamt 30 Fuß ergab, während man sich nach dem dritten Punkt der Fairness halber nur 10 Fuß näherte, da man sonst zu nah am Netz stand. Man rückte also nach drei Punkten 40 Fuß vor und erspielte sich einen „Vorteil".

Seitdem sind die Jahrhunderte ins Land gestrichen und die Zeiten haben sich gewandelt, doch die Art zu zählen ist geblieben!

Wie auch immer, auf einem Tennisplatz werden wir uns nie begegnen. Im Tennis bin ich nämlich – genau wie im Golfen – eine Niete!

WOHER STAMMT DAS SYMBOL DER OLYMPISCHEN SPIELE?

Frage von Idris K.

Die Flagge wurde von Pierre de Coubertin im Jahr 1913 entworfen, und die 5 ineinander verschlungenen Ringe symbolisieren die 5 Kontinente, wobei jede Farbe einen der Kontinente repräsentiert. Die insgesamt sechs Farben (das Weiß des Hintergrunds zählt auch) stehen für mindestens eine Farbe aus jeder Nationalflagge der teilnehmenden Nationen. Sie verkörpert somit den universalen Charakter der Olympischen Spiele.

WOHER HAT DER HOTDOG SEINEN NAMEN?

Frage von Zangdar947

Hotdogs verdanken wir den deutschen Einwanderern in die Vereinigten Staaten und ihrem Frankfurter Würstchen. Das Sandwich selbst soll 1870 von Charles Feltman erfunden worden sein, einem Metzger mit deutschen Wurzeln, und der Name leitet sich von seiner Form ab, die die Amerikaner an Dackel erinnerte, die ebenfalls aus Deutschland kamen.

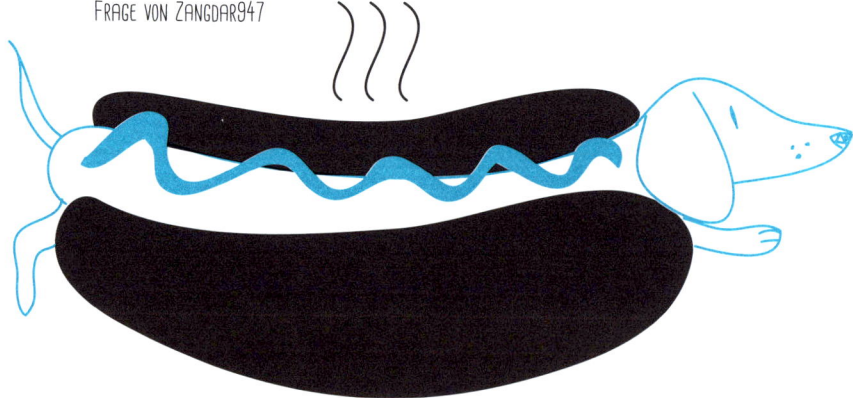

WARUM

SCHLEIMEN

SCHNECKEN

EIGENTLICH SO?

FRAGE VON GriziFUT

Das Erstaunliche am Schneckenschleim (das gilt für Schnecken mit und ohne Gehäuse) ist seine doppelte Eigenschaft als Gleitmittel, das Schnecken erlaubt, sich auf dem Boden fortzubewegen, und als Klebstoff, der er es ihnen ermöglicht, Mauern senkrecht hochzukriechen. Aber wieso rutschen sie nicht an der Mauer ab oder bleiben am Boden kleben?

TJA, JE NACHDEM, WIE SIE IHREN SOGENANNTEN FUSS BEWEGEN, VERÄNDERT SICH DIE „VISKOSITÄT" (ZÄHFLÜSSIGKEIT) IHRES SCHLEIMS, DER AUS DRÜSEN AM VORDEREN KOPFENDE ABGESONDERT WIRD UND AUS GLYKOPROTEINEN BESTEHT.

Wenn sie also die Richtung wechseln – von horizontal am Boden zu vertikal an der Mauer – ist es ein bisschen so, als würden sie in einen anderen Gang schalten, nur dass es dabei nicht die Geschwindigkeit, sondern die Ausrichtung ändern.

Wie auch immer, der Schleim dieser kleinen Viecher ist mindestens so erstaunlich wie eklig (zumindest für mich).

WARUM MISST EIN
DIN-A4-BLATT
GENAU
21 x 29,7 cm?

Frage von PlimptonFR

Jetzt mal ehrlich, wozu diese Akribie? Warum runden wir nicht einfach auf glatte 20 x 30 cm in der Höhe und Breite auf, beziehungsweise ab? Ganz bestimmt gibt es dafür einen triftigen Grund, schließlich haben wir uns dieses Format nicht zum Spaß ausgedacht.

Tatsächlich gibt es nicht nur A4-Blätter, wie wir alle wissen, sondern viele andere Formate, von denen das größte A0 und das kleinste A10 ist.

DAS FORMAT A0 ERGIBT SCHONMAL SINN, DA DIE MASSE HAARGENAU EINEM QUADRATMETER ENTSPRECHEN (84,1 CM X 118,9 CM). AUSGEHEND DAVON ENTSPRICHT JEDES NACHFOLGENDE FORMAT EXAKT DER HÄLFTE DES VORHERGEHENDEN FORMATS. DAS FORMAT A1 IST ALSO DIE HÄLFTE VON A0, DAS FORMAT A2 DIE HÄLFTE VON A1 USW. AUS DIESEM PROCEDERE ERGEBEN SICH SCHLIESSLICH DIE SELTSAMEN MASSE DES FORMATS A4, DAS DER HÄLFTE DES A3-FORMATS ENTSPRICHT.

WARUM WERDEN MANCHE ALKOHOLIKA IN DURCHSICHTIGE FLASCHEN GEFÜLLT UND ANDERE NICHT?

FRAGE VON STÉPHANIE V.

Tja, das hängt von der Art des Alkohols ab. **FARBLOSE SPIRITUOSEN** wie weißer Rum oder Wodka werden gerne in durchsichtige Flaschen abgefüllt, damit man sich von ihrer Reinheit überzeugen kann, wobei man aber auch sagen muss, dass ihnen das Licht von außen nicht schadet. Bei **BIER** ist das anders, weshalb diese Flaschen üblicherweise dunkel sind (grün oder braun).

DAFÜR GIBT ES ZWEI ERKLÄRUNGEN: Zum einen geht es um den Schutz vor der Sonneneinstrahlung, die den Geschmack des Bieres verändern kann und zum anderen um den kommerziellen Aspekt, da die Konsumenten in diesem Fall ganz einfach braune Flaschen bevorzugen. Einige Brauereien verwenden jedoch trotzdem grüne Flaschen, um sich vom Markt abzuheben.

WIE SCHNELL FLIEGT EIN VERKEHRSFLUGZEUG?

FRAGE VON ÉRIC F.

Wie wir alle wissen, sind Verkehrsflugzeuge extrem schnell, aber wie schnell sind sie wirklich?

Ihre Geschwindigkeit ist so beachtlich, dass sie nicht in km/h gemessen wird, sondern in **MACH** (MACH 1 entspricht der Schallgeschwindigkeit bzw. 1234,8 km/h). Einige Militärflugzeuge überschreiten diese Geschwindigkeit jedoch deutlich und in diesen Fällen kommt es zu einem krachenden Geräusch (daher auch der Ausdruck „die Schallmauer durchbrechen"). Bei Verkehrsflugzeugen ist das anders, sie sind viel schwerer und benötigen sehr viel mehr Energie, sprich Kerosin, um eine Geschwindigkeit zu erreichen, die zwischen **MACH 0,78** (963,144 km/h) und **MACH 0,82** (1012,536 km/h) liegt.

ABER WARUM FLIEGEN SIE NICHT SCHNELLER? TECHNISCH GESEHEN KÖNNTEN SIE DAS, ALLERDINGS GIBT ES EINEN HAKEN: DIE ENERGIEEFFIZIENZ. DESHALB LASSEN LUFTFAHRTKONZERNE IHRE FLUGZEUGE SEIT 40 JAHREN SOGAR LANGSAMER FLIEGEN. DAS KEROSIN IST EINFACH ZU TEUER ...

ZUR INFO: WÜRDE EIN FLUGZEUG 10 % SCHNELLER FLIEGEN, BRÄUCHTE ES 21% MEHR ENERGIE. ZUM EINEN WÄREN DIE KOSTEN ZU HOCH, ZUM ANDERN WÜRDE SICH DIE UMWELT BEDANKEN! UM GELD ZU SPAREN, HABEN DIE KONZERNE DIE GESCHWINDIGKEIT SOGAR GESENKT - EIN FLUG VON WASHINGTON NACH MIAMI DAUERT ZUM BEISPIEL HEUTE 45 MINUTEN LÄNGER ALS 1973.

ÜBRIGENS: IM JAHR 1961 BRACHTE DER AMERIKANISCHE HERSTELLER CONVAIR EIN VERKEHRSFLUGZEUG AUF DEN MARKT, DAS MACH 0,91 ERREICHTE, ALSO FAST SCHALLGESCHWINDIGKEIT!

WARUM KLINGT UNSERE STIMME AUF EINEM TONTRÄGER SO ANDERS?

FRAGE VON MISS PASTÈQUE

Das liegt daran, dass wir unsere aufgenommene Stimme anders hören als unsere Sprechstimme. Hören wir unsere Stimme direkt beim Sprechen, dringt sie über den **KÖRPERSCHALL** an unser Ohr, sprich, sie erreicht uns nicht zuerst äußerlich über das Trommelfell, wie bei einer Aufnahme, sondern hallt zunächst innerlich in unser Schädelhöhle wider und klingt aufgrund dieser Überlagerung anders.

Wir hören also unsere eigene Stimme anders, als andere sie hören. Die meisten von uns bevorzugen übrigens ihre Sprechstimme und empfinden den Klang ihrer aufgenommen Stimme als äußerst unangenehm.

WARUM KÖNNEN SICH FRAUEN BESSER DEHNEN ALS MÄNNER?

FRAGE VON MKEV

Das liegt an den weiblichen Hormonen, die für die Geschmeidigkeit von Sehnen und Muskeln sorgen und zum Beispiel den Geburtsvorgang unterstützen.

ABER KEINE SORGE, OB MANN ODER FRAU, DEHNBARKEIT KANN MAN TRAINIEREN!

STEHEN BÄREN WIRKLICH AUF HONIG?

FRAGE VON MixCanard

Sagen wir mal so: Jein. In vielen Trickfilmen für Kinder scheinen Bären **VERRÜCKT NACH HONIG** zu sein (wie Winnie Puuh, der quasi süchtig danach ist). Allerdings sind Bären wahre Allesfresser und geben sich auch mit wenig zufrieden (wie Balu, mein Lieblingsbär). Sie fressen wirklich alles, von Fleisch über Samen bis hin zu Pflanzen, Raclettekäse (okay, Raclettekäse vielleicht nicht) und vieles mehr.

Da sie nur schlecht sehen können, gestaltet sich die Honigsuche zwar nicht ganz so einfach, aber sie haben zwei praktische Eigenschaften: sie können gut klettern und haben einen hervorragenden Geruchssinn. Und diese beiden Fähigkeiten helfen ihnen dabei, an die Bienenwaben heranzukommen.

ALSO: JA, BÄREN STEHEN WIRKLICH AUF HONIG, FRESSEN ABER AUCH ANDERE SACHEN.

HATSCHI! HATSCHI! HATSCHI! HATSCHI! HATSCHI! HATSCHI! HATSCHI! HATSCHI!

WARUM SAGT MAN „GESUNDHEIT"?

Frage von STYLOXOFFICIEL

Ist doch seltsam, oder? Da niest man, hat noch einen Tropfen an der Nase hängen und gerade seinem Gegenüber seinen Speichel ins Gesicht gesprayt und dann sagt die Person auch noch freundlich **„GESUNDHEIT".** Das ist, als würde man sich bei jemandem bedanken, der einem gerade auf die Schuhe gebrochen hat!

Im Fall von „Gesundheit" handelt es sich um eine höfliche, quasi pawlowsche Floskel, aber eigentlich wünscht man der Person keine Gesundheit, sondern geht auf den Umstand ein, dass man ihr den Lärm, den sie verursacht hat, nicht verdenkt (solange sie ihre Mikroben für sich behält!). Die Floskel war aber nicht immer der Höflichkeit geschuldet. Es gibt mehrere Hypothesen hierzu, von denen ich Ihnen zwei vorstellen möchte.

Laut der ersten **GLAUBTE MAN ZU EINER BESTIMMTEN ZEIT, DASS DIE SEELE IM KOPF WEILTE** und jedes Niesen einen Kranken ein Stückchen seiner Seele kosten konnte. Daher versuchte man, das Niesen um jeden Preis zu unterdrücken. Schaffte man es nicht, fühlten sich alle um einen herum verpflichtet, größeres Unglück mit einem „Gesundheit" abzuwenden.

Die zweite ist ganz anders: **IM ALTEN GRIECHENLAND WURDE DAS NIESEN AUF DEN GÖTTLICHEN GEIST ZURÜCKGEFÜHRT,** der sich durch die Nasenlöcher verflüchtigte und dem man ganz schnell seine guten Wünsche übermitteln musste, bevor er wieder verschwand. Und der schnellste Weg war nun mal ein kurzes „Gesundheit!".

WARUM HABEN ZEBRAS STREIFEN? FRAGE VON DORIAN M.

Es gibt zwei Überlegungen zur charakteristischen Streifenzeichnung der Zebras. Laut der ersten könnte es sich um einen Schutz vor Bremsen, Tsetsefliegen, Mücken und anderen Insekten handeln, die mit ihrem Gesteche **WIRKLICH ALLEN AUF DIE NERVEN GEHEN.** Schwedische und ungarische Forscher konnten übrigens 2012 beweisen, dass schwarz-weiß gestreifte Flächen von Insekten eher gemieden werden und Streifen somit eine schützende Funktion haben.

Die andere Überlegung geht in eine ähnliche Richtung und besagt, dass die Streifen der Zebras von größeren Raubtieren wie Löwen und Hyänen als verwirrend empfunden würden, weil es zu einer optischen Illusion käme, die es ihnen erschwert, einzelne Tiere zu unterscheiden, wenn die Herde in Bewegung ist. Das wäre dann in etwa so, als würde man ohne Decoder fernsehen. Ganz schön schlau, diese Zebras!

WARUM STERBEN BIENEN, WENN SIE JEMANDEN GESTOCHEN HABEN?

FRAGE VON MANTROL001

Das ist weder Karma noch eine Strafmaßnahme für das Stechen Unschuldiger. Der Beweis: BIENEN STERBEN JA AUCH NICHT AUTOMATISCH, WENN SIE EIN ANDERES INSEKT STECHEN. ABER WARUM?

Weil der Stachel einer Biene kleine Widerhaken hat, die in unserer Haut steckenbleiben. Hat sie ihren Stachel also erst einmal in unsere Haut gebohrt, kann sie ihn nicht einfach so wieder herausziehen. Stattdessen wird er aus ihrem Körper gerissen, wenn wir sie mit der Hand wegfegen ... Das klingt jetzt brutal, aber so ist das nun mal. Und wie jeder weiß, schmerzt nichts so sehr wie die Wahrheit.

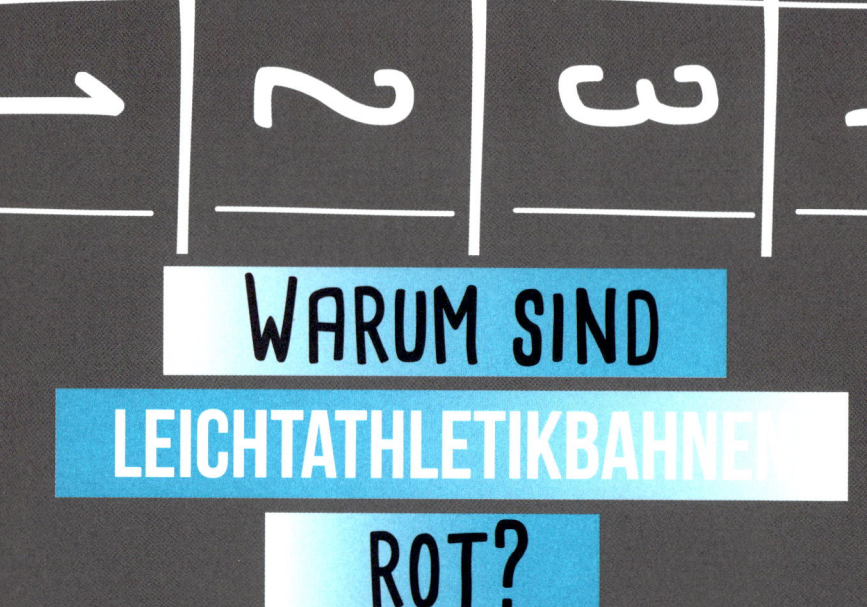

WARUM SIND LEICHTATHLETIKBAHNEN ROT?

FRAGE VON CHLOÉ P.

Man sieht es mir vielleicht nicht an, aber ich bin ein großer Sportler. Doch, doch, ganz bestimmt! Sonntags auf jeden Fall. Und ab und zu kicke ich 'ne Runde ... Ja, ist ja schon gut, ich mache überhaupt keinen Sport, außer wenn ich mal dem Bus hinterherrenne. Aber manchmal, so alle drei Monate, sticht mich doch der Hafer und ich drehe im Stadion um die Ecke meine Runden und da sind mir die roten Bahnen auch schon aufgefallen. **ABER WARUM SIND SIE ROT? UND NICHT GRÜN, GELB ODER LILA?**

Das liegt an der Sonne und am Fernseher. Früher waren die Bahnen meistens einfach gewalzt oder aus Gras. Später wurden die Bahnen dann mit einer Schicht aus Asche, Sand oder rötlichem Buntsandstein überzogen. Das Problem mit diesen Belägen war jedoch, dass die Leichtathleten leicht ausrutschten und auf ihnen nicht schnell genug waren.

ERST 1968, IM ZUGE DER OLYMPISCHEN SPIELE IN MEXIKO, WURDEN ZUM ERSTEN MAL SYNTHETISCHE KUNSTSTOFFBAHNEN EINGESETZT, DIE WIE DIE ALTEN BAHNEN MEISTENS ROT WAREN.

Die neuen Beläge wurden von Firmen entwickelt, die Aspekte der Biomechanik in ihre Forschung miteinbezogen und so neue Maßstäbe in Sachen Schnelligkeit, Sicherheit und Komfort setzten. Die rote Farbe hat aber nicht nur historische Gründe.

Rot gehört zu den Farben, die eher langsam in der Sonne ausbleichen und wird generell von Fernsehanstalten bevorzugt, da sie gut auf dem Bildschirm rüberkommt.

So, und jetzt gehe ich mal wieder zum Training, Usain Bolt besiegt sich schließlich nicht von selbst ...

WIE KRATZEN SICH ASTRONAUTEN

DIE NASE?

FRAGE VON GENETIIXE

Das hört sich jetzt vielleicht blöd an, aber ich kann euch versichern, dass eine juckende Nase auch im Weltall ziemlich nervt. Vor allem, wenn Astronauten außerhalb der Weltraumstation im Raumanzug und unter Zeitdruck präzise Handbewegungen ausführen müssen.

GENAU DESWEGEN BEFESTIGEN SIE EIN STÜCK KLETTVERSCHLUSS VORNE IN IHREM HELM, AN DEM SIE BEI BEDARF IHRE NASE REIBEN KÖNNEN.

WARUM KLEBT SUPERKLEBER NICHT IN DER TUBE FEST?

FRAGE VON KARAGERR

Weil extrastarke Kleber erstaunlicherweise keine Luft brauchen, um fest zu werden, sondern Wasser! Tatsächlich reicht bereits die Feuchtigkeit in der Luft aus, um zur Polymerisation zu führen (klingt kompliziert, bedeutet aber eigentlich nur „VERHÄRTUNG"). Die Tuben sind also so beschaffen, dass sie keine Feuchtigkeit durchlassen. Und nun hoffen wir mal, dass zumindest diese Info „kleben bleibt".

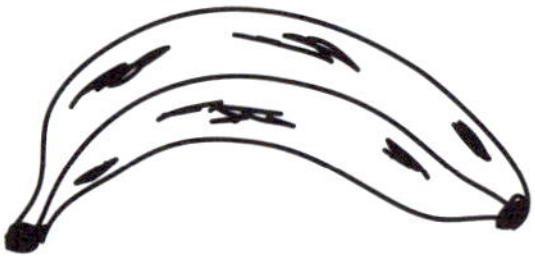

WARUM IST DIE BANANE KRUMM?

FRAGE VON DAMIEN B.

Nein, nicht weil keiner in den Urwald flog und die Banane geradebog, sondern weil Bananen an einem Fruchtstand nach oben wachsen, der Sonne entgegen. Sie werden von einer Staude gehalten, die sich jedoch, je schwerer die Früchte werden, nach unten zur Erde biegt. Ohne die Schwerkraft würden Bananen also gerade wachsen!

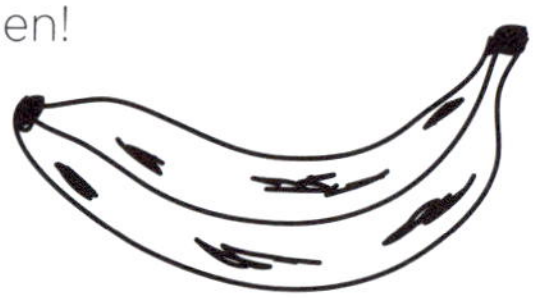

WIE VIELE EIER LEGT EIN HUHN IM JAHR?

FRAGE VON OCÉANE G.

Tja, das kommt auf die Hühnerrasse an, da nicht alle Rassen gleich produktiv sind. Die Legehenne legt zum Beispiel im Schnitt 300 Eier im Jahr, während das Seidenhuhn oder das Holländer Haubenhuhn es nur auf etwa 150 Eier bringen.

> HINZU KOMMT, DASS HÜHNER ÜBER DIE JAHRE IMMER WENIGER EIER LEGEN UND IM ALTER VON 6 JAHREN KOMPLETT DAMIT AUFHÖREN. DANACH WERDEN SIE ZU UNSEREN HAUSTIEREN. ODER NICHT. ICH SAGE NUR TOPF ...

Ich hätte auf jeden Fall gern ein Huhn als Haustier. Wer möchte mir eins schenken?

WARUM SIND GULLYDECKEL IMMER RUND?

FRAGE VON SAMUEL D.

Das klingt jetzt vielleicht seltsam, aber das dient unserer **SICHERHEIT.** Wären sie eckig, könnten sie nicht nur für uns, sondern auch für Kanalarbeiter sehr gefährlich werden, da eckige Deckel über die Diagonale in den Schacht fallen können. Ich will mir gar nicht ausdenken, wie der Typ da unten aussehen würde, wenn ihm ein Gullydeckel von oben auf den Kopf kracht ...

Einen solchen Unfall verhindern runde Deckel, da sie aufgrund ihrer Form immer verkanten. Ein runder Gullydeckel kann folglich gar nicht den Schacht hinunterfallen!

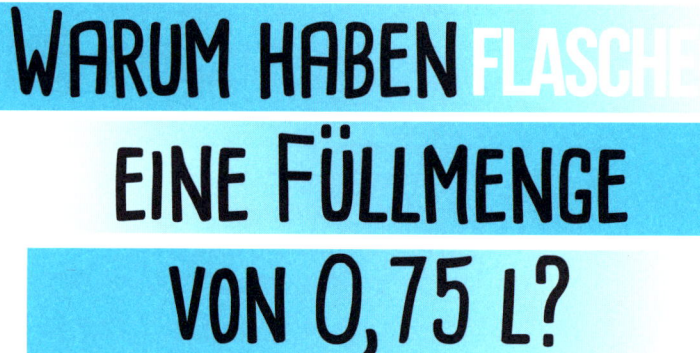

WARUM HABEN FLASCHEN EINE FÜLLMENGE VON 0,75 L?

FRAGE VON ANTHONY R.

Wenn Sie mich ein bisschen kennen, dann wissen Sie, dass ich lieber Bier trinke als Wein. Und vielleicht erinnern Sie sich auch, dass ich einmal eine total unnütze Frage beantwortet habe, in der es darum ging, ob man von Bier mehr pinkeln muss als von Wasser. Das Ergebnis war nicht sehr überraschend. Aber Wein interessiert mich auch. Sprechen wir jedoch ausnahmsweise mehr vom Behältnis als vom Inhalt ...

DER ORDNUNG HALBER MÖCHTE ICH KURZ VORAUSSCHICKEN, DASS DAS BERÜHMTE WEINANBAUGEBIET AQUITANIEN IN FRANKREICH, DREI JAHRHUNDERTE LANG (VOM 12. BIS ZUM 15. JH.) ZU ENGLAND GEHÖRTE. VON EINER WEINVERSCHWÖRUNG KANN ICH ZWAR NUN NICHT SPRECHEN, ABER WIR VERDANKEN DIE 0,75-L-FLASCHE DEN ENGLÄNDERN. TATSÄCHLICH BEGANNEN DIE WINZER AUS BORDEAUX, IM 19. JAHRHUNDERT IHREN WEIN AUCH AN ENGLISCHE HÄNDLER ZU VERKAUFEN, DIE ALLERDINGS IN GALLONEN BESTELLTEN, SPRICH IN EINHEITEN VON 4,54 LITERN. DARAUFHIN FERTIGTEN DIE SCHLAUEN FRANZOSEN TONNEN AN, IN DIE GENAU 50 GALLONEN (ETWA 227 LITER) PASSTEN, WAS HAARGENAU 300 FLASCHEN À 0,75 LITER ENTSPRACH!

Mit der Zeit verwendete man diese Flaschen für alle Weinexporte und schließlich auch in Frankreich selbst. Und nicht vergessen, 0,75 Liter ist nicht gerade eine kleine Maßeinheit, also heißt es auch hier, wie so oft im Leben: Maß halten!

BESTEHT UNSER PLANET WIRKLICH HAUPTSÄCHLICH AUS WASSER?

FRAGE VON VICTOR E.

Es stimmt zwar, dass die Oberfläche unseres Planeten etwa zu 70 % mit Wasser bedeckt ist, aber dabei vergisst man ganz gerne, das Volumen in Relation zur Erdkugel zu setzen. Die Wassermenge auf der Erde beträgt etwa 1,5 Milliarden Kubikkilometer, was einer Kugel mit einem Durchmesser von 1400 km entspricht – wohingegen die Erde einen Durchmesser von satten 12756 km hat!

Die Wassermenge auf der Erde ist also im Vergleich relativ gering, was wieder einmal beweist, dass es sich immer lohnt, den Dingen auf den Grund zu gehen.

WIE VIEL VERDIENT EIN OBDACHLOSER, WENN ER DEN GANZEN TAG BETTELT?

FRAGE VON YOYOSH314

Wir begegnen ihnen jeden Tag. Auf dem Weg zur Arbeit, auf dem Weg nach Hause; ihre Gesichter sind fahl, die Augen leer. Manchmal geben wir ihnen ein paar Cent, meistens aber nicht. Die Gründe, aus denen wir ein Almosen geben, sind zahllos und nicht nachvollziehbar: manchmal reicht eine hübsche Melodie, ein besonders schöner Tag, ein plötzliches Wiederaufflackern christlicher Nächstenliebe ...

Aber **WIE VIEL** bekommt ein Obdachloser im Schnitt am Tag von uns? Diese Frage lässt sich nur beantworten, indem man sich in ihre Lage versetzt. Für einen ganzen Tag. Und genau das habe ich getan.

IN DER HAUT EINES OBDACHLOSEN

Vorab möchte ich Ihnen jedoch noch sagen, dass ich mir niemals anmaßen würde zu glauben, dass ich nach einem Tag wüsste, wie sich ein Obdachloser fühlt. Ich kann es mir nicht einmal im Traum vorstellen. Aber vielleicht konnte ich einen winzig kleinen Einblick gewinnen.

Ich nahm also meine ältesten Klamotten, ein Buch, ein Seifenblasenset und meine Gitarre und ging nach draußen. Zu Beginn dachte ich noch, dass es einfach werden würde.

Und da ich wusste, dass mich am Abend ein kuscheliges Bett erwartete, machte ich mir keine allzu großen Gedanken ...

DAS EXPERIMENT

Es kann also losgehen. Als ich mich auf den Boden setze, spüre ich direkt, wie ich an gesellschaftlichem Ansehen verliere. Alle anderen gehen an mir vorbei, haben es eilig. Und ich sitze einfach nur da, auf dem Boden.

Ich starte meinen Tag als Bettler, indem ich ein paar Seifenblasen puste, mehr schlecht als recht mit einem Paar alter Socken jongliere und vor allem abwarte. Ich bitte die Menschen, die an mir vorbeigehen, um ein paar Cent, aber nichts passiert. Einige sehen mich bedauernd an, als hätten sie nichts dabei, aber die meisten ignorieren mich einfach. Die Stunden vergehen und immer noch nichts. Nichts außer Kälte, Langeweile und mitleidige, beschämte Blicke.

Also nehme ich meine Gitarre und beginne ein wenig zu Klimpern. Die Leute bleiben stehen, nehmen mich wahr ... Touristen zücken ihre Handys und mein Becher beginnt sich zu füllen. Ein wenig zumindest. Da meine Musik den Leuten anscheinend gefällt, spiele ich den ganzen Nachmittag, um so viele Münzen wie möglich zu sammeln – und mir die Zeit zu vertreiben, die sich immer mehr in die Länge zu ziehen scheint.

ALSO, WIE VIEL?

6 Stunden nachdem ich mit dem Betteln angefangen habe, gebe ich auf. Es ist zu hart, zu deprimierend, zu entwürdigend.

MEINE BEUTE?
3,45 €

Das reicht kaum für ein belegtes Brötchen. Und das Schlimmste ist, dass mir meine Gitarre wahnsinnig geholfen hat. Ich wage mir nicht vorzustellen, was ein Obdachloser einnimmt, der keine Gegenleistung zu bieten hat. Ich klaube die wenigen Münzen zusammen und gebe sie einem Obdachlosen, dem ich auf meinem Nachhauseweg begegne. Ich habe mein Lächeln verloren. Er gibt es mir wieder.

WIE REDUZIEREN SCHALLDÄMPFER DEN KNALL EINER PISTOLE?

Frage von Sacha B.

Zunächst einmal muss man verstehen, was den Lärm verursacht, wenn man den Abzug drückt. Beim Abfeuern entzündet sich das Schießpulver im hinteren Teil der Patrone und setzt heiße Gase frei, die die Patrone mit hohem Druck durch den Lauf treiben. Wenn die Kugel nun aus der Mündung tritt, entweicht das Gas an die Luft, und dieser Kontakt zwischen Gas und Luft führt zu einem lauten Knall. Ein Prozess, der sich ganz gut mit dem Entkorken einer Champagnerflasche vergleichen lässt (wobei mir dieser Knall deutlich sympathischer ist ...).

Ein an den Lauf geschraubter Schalldämpfer, der eigentlich nicht mehr als ein Metallrohr ist, führt jedoch dazu, dass das Gas im Schalldämpfer expandiert und so das Geräusch der austretenden Kugel deutlich reduziert.

WARUM SIND BOWLINGSCHUHE ZWEIFARBIG?

Frage von Virginie N.

Bowlingschuhe sind hässlich, oder? Sehr, sehr hässlich ... Damit würde sich doch keiner vor die Tür wagen, nicht wahr? Richtig. Und **GENAU DESWEGEN** sind sie zweifarbig. Ihre grellen Farben und ihre Hässlichkeit sollen verhindern, dass man sie klaut, wobei die Tatsache, dass sie jeder sofort als Bowlingschuhe erkennt, natürlich auch dazu beiträgt. Ergo ist es manchmal sogar hilfreich, wenn etwas hässlich ist ...

WIE VIELE STERNE
HAT DAS UNIVERSUM?

Frage von Alessandro YTB

Diese Frage lässt sich unmöglich genau beantworten – und zählen werde ich sie sicher nicht! Es soll jedoch mehr Sterne als Sandkörner auf der Erde geben. Also ganz schön viele! Die zähle ich aber ganz bestimmt auch nicht ...

WARUM HEISST HARIBO EIGENTLICH HARIBO?

Frage von mir selbst!

Ganz einfach. Wir verdanken den Namen der Marke ihrem Erfinder und dessen Heimatstadt. Hans Riegel stammt aus Bonn und hat die ersten Silben seines Vor- und Nachnamens sowie seiner Heimatstadt zu einem Akronym zusammengefasst: **HA, RI UND BO.**

WIE VIEL SPEICHEL PRODUZIEREN WIR IM LAUFE UNSERES LEBENS?

Frage von KRYSTAL_CAT

Wir produzieren etwa 1,5 Liter Speichel pro Tag, was hochgerechnet ungefähr **40000 LITER** Speichel entspricht. Ein Tanklastwagen fasst übrigens um die 35000 Liter. Was für eine widerliche Vorstellung!

WARUM LAUFEN ALTE STUMMFILME WIE IM SCHNELLDURCHLAUF AB? Frage von Alex D.

Weil Filmkameras damals nur 16 Bilder pro Sekunde aufnehmen konnten. Als die Filme dann später im Fernsehen ausgestrahlt wurden, das 25 Bilder pro Sekunde zeigte, musste man sie schneller abspielen, damit sie, zumindest für das menschliche Auge, nicht ruckelten. Was für eine Enttäuschung! Und ich dachte immer, dass Charlie einfach auf Zack war ...

WARUM SIND DIE GELBEN SEITEN EIGENTLICH GELB? Frage von Joupyta

Tatsächlich verwenden fast alle Länder auf der Welt gelbes Papier für ihre Branchenbücher. Aber warum?

Die Praxis stammt ursprünglich aus den USA. Als 1883 ein Drucker nicht genug weißes Papier hatte, um seine jährliche Lieferung fertigzustellen, druckte er einfach auf gelbem Papier weiter, das er noch auf Lager hatte, und begriff, dass sich sein Branchenbuch so von den anderen ABHOB. Eine Praxis, die uns bis heute erhalten geblieben ist.

WARUM HABEN TENNISBÄLLE FEINE HÄRCHEN?

FRAGE VON PAUSELECTURE

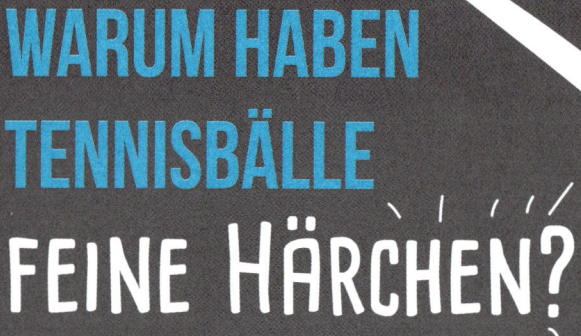

Ja, ja, man könnte fast meinen, dass ich von diesem Sport besessen bin. Aber man wird doch mal seine Meinung äußern dürfen! Warum beim Tennis so komisch gezählt wird, habe ich bereits erklärt, daher auf zum nächsten Problem: **DEM BALL.**

Also, die Farbe stört mich schon mal nicht, die mag ich sogar. Sie kommt im Fernsehen gut rüber und man kann den Ball auf allen Belägen gut sehen. Was ich allerdings seltsam finde, sind diese feinen Härchen. Gibt es eigentlich noch eine andere Sportart, in der Bälle mit Härchen verwendet werden? Sieht zwar nicht übel aus, aber wozu braucht man die?

DAS HAT AERODYNAMISCHE GRÜNDE. Dass Tennisbälle mit Filz überzogen sind, ist bekannt. Auch, dass sie während eines Matches ihre Zeit damit verbringen, hin und her zu sausen. Der Filz sorgt dabei allerdings für einen gewissen Luftwiderstand, damit sie nicht zu schnell fliegen. Wir wollen sie schließlich noch sehen können …

Wie schnell schiesst ein Korken aus einer Champagnerflasche?

Frage von Théo Xantred

MIT 40 KM/H!

Das liegt daran, dass der **DRUCK** in einer Champagnerflasche 6 bis 8 Bar beträgt, also 3 Mal höher ist, als in einem Autoreifen! Deshalb ist das Glas der Flaschen auch so dick.

Warum bekommen wir beim Eisessen Kopfschmerzen?

Frage von Natsu Player

Das Problem hatte jeder schon mal und **AUTSCH,** tut das weh! Da gefriert mir beim bloßen Gedanken das Blut in den Adern ... Der stechende Schmerz entsteht, weil unser Körper auf diesen „Kälteangriff" mit einem Schutzmechanismus reagiert, indem er Blut ins Gehirn pumpt. Dabei werden die Blutgefäße erweitert und die Blutzufuhr gesteigert, um die Temperatur anzupassen und unser Gehirn zu schützen.

WARUM FAHREN DIE ENGLÄNDER AUF DER LINKEN SEITE?

Frage von Loris SKR

LINKS FAHREN

Es gibt nichts Verwirrenderes, als auf der anderen Seite des Ärmelkanals herumzukurven. Bei jeder Fahrt leben wir in der ständigen Angst, aus Reflex auf die rechte Seite zu wechseln. Selbst als Fußgänger ist man verwirrt und weiß gar nicht mehr, von welcher Seite die Autos kommen! Wieso tun sie uns das an? Wäre es nicht einfacher, wenn wir alle auf der gleichen Seite fahren würden? Klar, wäre es. Aber damit würden wir eine Tradition abschaffen, die ungleich älter ist als die Geschichte des Automobils.

DASS DIE ENGLÄNDER LINKS FAHREN, REICHT BIS INS MITTELALTER ZURÜCK. DAMALS TRUGEN DIE MEISTEN IHR SCHWERT LINKS, DA SIE RECHTSHÄNDER WAREN UND ES SO SCHNELLER ZÜCKEN KONNTEN. UND WENN SICH ZWEI RITTER AUF IHREN PFERDEN BEGEGNETEN, HIELTEN SIE SICH LINKS, DAMIT SICH IHRE SCHWERTER NICHT BERÜHRTEN, WAS LEICHT ALS PROVOKATION AUFGEFASST WURDE UND ZU EINEM KAMPF FÜHREN KONNTE. SO HIELT MAN ES NICHT NUR IN ENGLAND, SONDERN AUCH IN ANDEREN LÄNDERN. BIS NAPOLEON KAM UND HERRSCHAFTLICH ENTSCHIED, DASS MAN ES VON NUN AN ANDERSHERUM HALTEN SOLLTE, UM DEN GEGNER ZU ÜBERRASCHEN UND SICH EINEN TAKTISCHEN VORTEIL ZU VERSCHAFFEN. ER SETZTE DIE REGEL, SICH VON RECHTS ZU BEGEGNEN, IN ALLEN VON IHM BESETZTEN LÄNDERN DURCH - AUSSER IN ENGLAND, DAS UNBESIEGT BLIEB!

Also spinnen nicht die Engländer herum, weil sie links fahren, sondern die anderen, die rechts fahren! Und das alles wegen Napoleon.

WARUM FLIEGEN DIE VÖGEL KURZ VOR EINEM GEWITTER SO NIEDRIG?

FRAGE VON GOYAVE34

Kurz vor einem Gewitter ändert sich der **LUFTDRUCK** und verhindert, dass kleinere Insekten über eine bestimmte Höhe hinauskommen. Um sie fressen zu können, fliegen die Vögel daher genauso niedrig.

WARUM HABEN BOOTE EINEN NAMEN?

FRAGE VON GUILLAUME M.

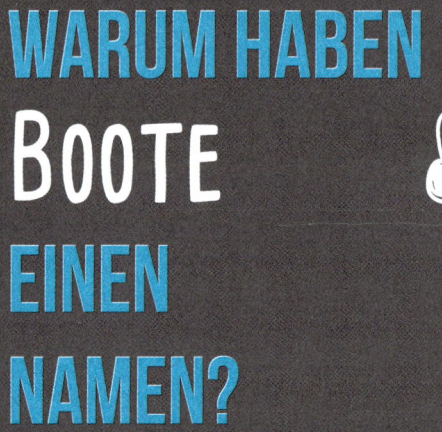

Im Grunde kann man jedes Boot, jeden Kahn und jedes Kreuzfahrtschiff benennen.

EINIGE BOOTE MÜSSEN JEDOCH BENANNT UND ANGEMELDET WERDEN, UND ZWAR WENN SIE ÜBER 5,5 METER LANG SIND UND ÜBER 3 PS HABEN. SO LAUTET DAS GESETZ. NAME UND KENNZEICHEN MÜSSEN NICHT NUR VON AUSSEN GUT LESBAR SEIN, SONDERN AUCH IM „INTERNATIONALEN BOOTSFÜHRERSCHEIN" STEHEN - UND DEN BRAUCHT MAN SPÄTESTENS DANN, WENN MAN ÜBER DIE GRENZE WILL.

Diese Informationen sind besonders dann wichtig, wenn man in eine Notlage gerät und sich vor Behörden ausweisen muss. Im Gegensatz zum Kennzeichen ist der Name des Bootes allerdings frei wählbar. Rein theoretisch könnten sogar alle gleich heißen und es würde keinen jucken – außer natürlich abergläubische Seeleute, die davon überzeugt sind, dass es Unglück bringt, wenn man sein Boot nicht anständig benennt.
Und jetzt stellen Sie sich vor, was los wäre, wenn wir plötzlich alle unsere Autos benennen müssten ...

WOHER KOMMT DAS KÄLTEGEFÜHL, WENN MAN EIN PFEFFERMINZBONBON ISST?

Frage von Panda's Song

Das wichtigste Wort in dieser Frage lautet „Gefühl", da die Bonbons nicht wirklich Kälte produzieren, sondern eher das enthaltene Menthol jene Geschmacksnerven anspricht, die auf Kälte reagieren und diese Information dann an das Gehirn weiterleiten. Ganz schön clever!

WARUM SIND AMERIKANISCHE TAXIS GELB?

Frage von Arthur L.

Wegen eines Mannes namens John Daniel Herz, dem in Chicago ein Taxiunternehmen gehörte und der gelesen hatte, dass man die Farbe Gelb aus der Entfernung am besten sehen würde. Daraufhin spritze er seine Taxis um, und nach und nach machten es ihm alle anderen Taxiunternehmen nach!

DIE USA HAT NICHT ALS EINZIGES LAND EINE FESTGELEGTE TAXIFARBE. IN ENGLAND SIND „CABS" ZUM BEISPIEL MEISTENS SCHWARZ, IN MAROKKO ROT UND IN DEUTSCHLAND BEIGE.

WARUM RIECHT SCHWEISS UNANGENEHM?

FRAGE VON SPARCKO31

Das mag jetzt überraschen, aber Schweiß riecht eigentlich nicht.
Es stimmt, frischer Schweiß ist geruchlos! Dass er trotzdem relativ schnell so widerlich riecht, liegt an den Bakterien, die sich im Bereich der Schweißdrüsen (von behaarten Stellen wie Achseln, Leistengegend etc.) entwickeln.

WIE VIELE MILBEN SIND IN EINEM KOPFKISSEN?

FRAGE VON LEPDU66

10 MILLIONEN! BEÄNGSTIGEND, ODER?

WIE OFT VERRICHTEN WIR UNSER „GROSSES GESCHÄFT"?

FRAGE VON KARIM H.

68% verrichten es einmal am Tag, alle anderen nur alle zwei Tage. 30% leiden übrigens an Verstopfung, auch wenn man in der U-Bahn manchmal denken könnte, dass es viel, viel mehr sind.

WARUM HABEN WIR AUF FOTOS MANCHMAL ROTE AUGEN?

FRAGE VON DAMIANO

Wir haben doch alle diese Kindergeburtstagsfotos von früher, auf denen unsere Gäste rote Augen haben. Wie **VAMPIRE.** Aber wie kommt es zu diesem Effekt? Sicher ist Ihnen auch schon aufgefallen, dass die roten Augen nur auf Fotos vorkommen, die mit einem Blitz gemacht wurden.

> GANZ EINFACH: DAS BLITZLICHT DRINGT IN UNSERE AUGEN EIN UND WIRD VON DER NETZHAUT REFLEKTIERT.

Die Farbe selbst kommt vom stark durchbluteten Nervengewebe, das die Innenseite des Auges auskleidet. Um diesem unvorteilhaften Phänomen entgegenzuwirken, gibt es den Anti-rote-Augen-Blitzmodus, der dafür sorgt, dass sich die Pupille verengt und Reflexe reduziert werden.

WOHER KOMMEN DIE KONDENS-STREIFEN AM HIMMEL?

FRAGE VON SOPHIE

Es ist doch immer wieder faszinierend, die weißen Kondensstreifen zu betrachten, die Flugzeuge hinter sich herziehen. Als wir klein waren, hatten wir alle möglichen Theorien zu diesem „RAUCH". Sie waren das Pipi der Passagiere, der Dreck aus den Triebwerken, die Geburt einer Wolke, Dekoration ... aber NEIN!

> DIE KONDENSSTREIFEN VON FLUGZEUGEN SIND SCHLICHT UND EINFACH WASSERDAMPF AUS DEN TRIEBWERKEN, DER KONDENSIERT UND GEFRIERT, WENN ER IN GROSSER HÖHE AUF EISKALTE LUFT TRIFFT. DIE STREIFEN SIND ALSO ... EISWÜRFEL!

Kommen Sie jetzt aber bloß nicht auf die Idee, sich mit einem Cocktail unter einen Kondensstreifen zu stellen, um ein paar Eiswürfel zu ergattern, denn bis die Klümpchen die Erde erreichen, sind sie längst geschmolzen und haben sich wieder zu Wasserdampf verflüchtigt.

WARUM HABEN BIC-KUGELSCHREIBER EIN KLEINES LOCH IN DER MITTE?

FRAGE VON KEEPCALMANDLOVE29

Ich meine nicht das Loch im Deckel oder Stöpsel, sondern das in der Stiftmitte. Richtig, dieses Loch hat seine Berechtigung, aber nicht die, Kinder vor dem Ersticken zu retten, denn wenn sie den Kuli komplett verschlucken, wird ihnen dieses kleine Loch auch nicht mehr helfen …

DAS LOCH DIENT VIELMEHR DEM DRUCKAUSGLEICH, UM EIN AUSLAUFEN DER TINTE ZU VERMEIDEN. DENN WÄRE DER DRUCK INNERHALB DES KUGELSCHREIBERS HÖHER ALS AUSSERHALB, WÜRDE DIE TINTE NACH AUSSEN GEDRÜCKT, WAS ZIEMLICH UNPRAKTISCH WÄRE.

WIE VIEL PINKELN WIR?

FRAGE VON TOUPIKO

Wenn wir **150 ML** in unserer Blase haben, verspüren wir das Bedürfnis zu pinkeln. Wer jedoch gerne seine Grenzen austestet, schafft es auch, zwischen 250 und 450 ml zu pinkeln, was dem eigentlichen Fassungsvermögen der Blase (je nach Größe) entspricht. Aber man muss ja nicht alles austesten!

WARUM MÖGEN KATZEN KEIN WASSER?

FRAGE VON CHAMALOW

Weil Katzen ursprünglich aus dem Mittleren Osten kommen, wo es staubtrocken ist. Und in diesem Wüstenklima ist man Wasser nun mal nicht gewohnt …

WIE WÄREN DIE MASSE EINER BARBIEPUPPE IM ECHTEN LEBEN?

FRAGE VON LAMBERTO

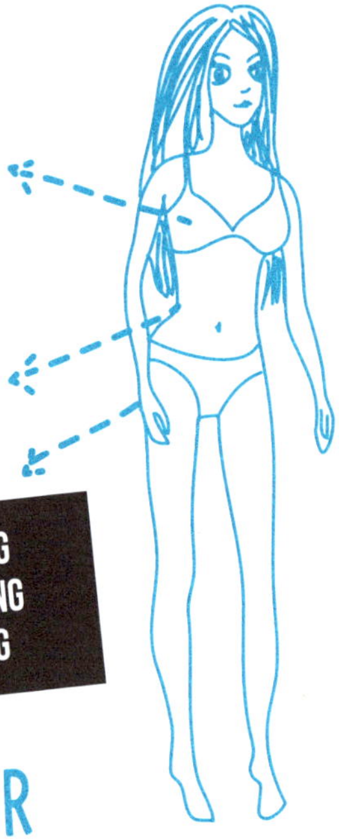

**96 CM BRUSTUMFANG
46 CM TAILLENUMFANG
86 CM HÜFTUMFANG**

WIE VIEL WIEGT DER EIFELTURM?

FRAGE VON JOHANNA F.

7300 TONNEN
(und das gilt nur
für das Stahlgerüst!)

WIE VIELE SPRACHEN WERDEN IN DER WELT GESPROCHEN?

FRAGE VON VUX01

Bisher wurden weltweit über 6000 Sprachen erfasst! Die meisten sind jedoch vom Aussterben bedroht, und laut UNO wird nur 1% dieser Sprachen von 99% der Bevölkerung zur Verständigung genutzt.

WARUM SEHEN DIE BURGER VON FAST-FOOD-KETTEN NIE AUS WIE AUF DEN FOTOS?

FRAGE VON LITTLE SCHWA

Stimmt, wenn man sabbernd vor den riesigen Abbildungen über den Kassen der Fast-Food-Ketten steht und später seine Tüte aufmacht, kann einem vor Enttäuschung schon mal der Appetit vergehen. Das liegt daran, dass Burger vor dem Fotografieren „gepimpt" werden. Die Zutaten sind zwar exakt dieselben, werden jedoch anders präsentiert, zum Beispiel indem sie nach vorne geschoben werden, um appetitlich aus dem Burger zu quellen, während der hintere Teil quasi leer bleibt. Es gibt sogar **FOOD-STYLISTEN,** die sich darauf spezialisiert haben.

WIE VIEL GAS PUPSEN WIR AM TAG?

FRAGE VON PIKACHU45

Zwischen 0,5 und 2 Liter am Tag! Und das egal ob Junge oder Mädchen. Ja, Sie haben richtig gehört, Mädchen furzen auch, und das stinkt genauso! ÜBRIGENS, DEN WIDERLICHEN GERUCH EINES FURZES VERDANKEN WIR EINEM EINZIGEN PROZENT SEINER ZUSAMMENSETZUNG: DEM SCHWEFEL-WASSERSTOFF.

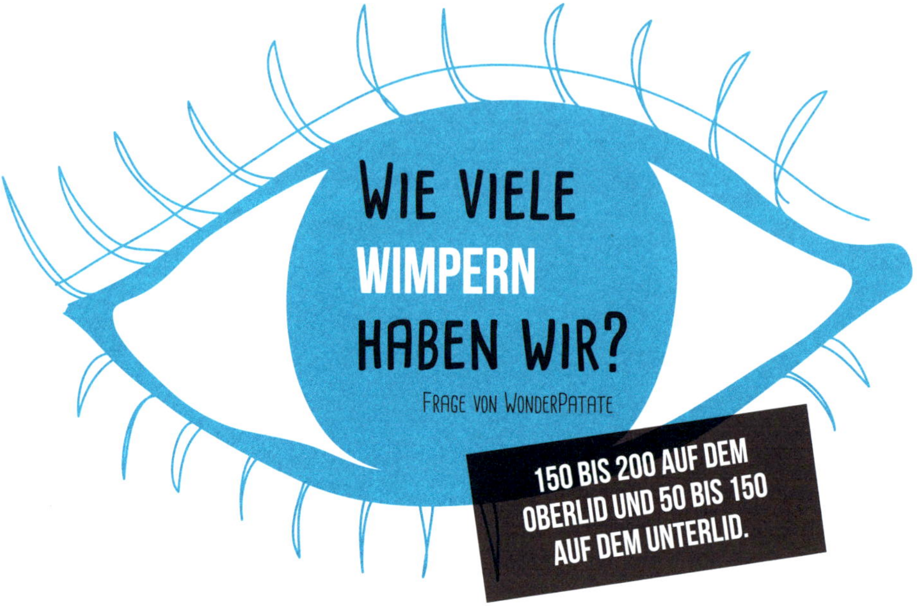

WIE VIELE WIMPERN HABEN WIR?

FRAGE VON WONDERPATATE

150 BIS 200 AUF DEM OBERLID UND 50 BIS 150 AUF DEM UNTERLID.

WARUM REIBEN FLIEGEN IHRE BEINE ANEINANDER?

FRAGE VON AYMERICK N.

Wir haben doch alle schon beobachtet, wie eine Fliege irgendwo landet und ihre Beine aneinanderreibt. Will sie uns etwa einen üblen Streich spielen? Natürlich nicht. Wenn sie das macht, **PUTZT** sie sich einfach nur.

Die Beinchen von Fliegen besitzen viele Sinneszellen, mit denen sie Hitze, Feuchtigkeit, Wind, Gerüche usw. registrieren, die aber wegen der ganzen Zwischenstopps hier und da schnell verschmutzen oder mit Pollen verkleben können. Indem sie sich die Beine reiben, befreien sie sich von diesen Partikeln und gewinnen so ihre Sensibilität zurück.

GANZ GENAU, FLIEGEN SIND AUCH SENSIBEL ...

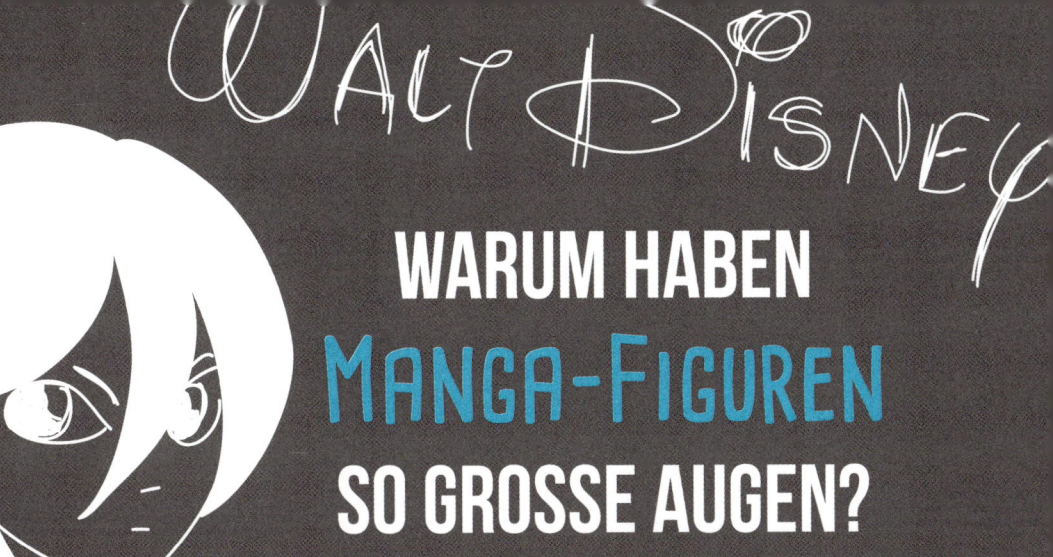

WARUM HABEN MANGA-FIGUREN SO GROSSE AUGEN?

FRAGE VON RAINYJAPAN

Meiner Meinung nach gibt es nichts Cooleres, als vor dem Schlafengehen ein **MANGA** zu lesen. Es entspannt, die Geschichten sind immer so schön surreal und die Zeichnungen großartig. Die Augen der Figuren erstaunen mich jedoch immer wieder. Logischerweise würde man doch in einem japanischen Comic, Figuren mit Mandelaugen erwarten ...

Dass das nicht der Fall ist, verdanken wir einem Amerikaner: **WALT DISNEY.** Der Erfinder von Micky Maus inspirierte nämlich den japanischen „Gott des Mangas", Osamu Tezuka, der ein großer Fan von *Bambi* war, einem Disney-Klassiker. Um seine Zeichnungen in die ganze Welt, und besonders in die USA und nach Europa exportieren zu können, kam Tezuka auf die Idee, Figuren zu kreieren, mit denen sich eine größere Bandbreite an Personen identifizieren konnte. Er übernahm ein charakteristisches Merkmal von *Bambi:* die riesengroßen Augen. Der erste große Erfolg Tezukas ließ dann auch nicht lange auf sich warten. 1952 erschien *Astro Boy,* ein absoluter Welterfolg, der wiederum die anderen japanischen Zeichner dazu brachte, Tezukas Stil aufzugreifen. Umgekehrt inspirierte Tezuka 1994 die Walt-Disney-Studios zum Film *König der Löwen,* der auf einer Geschichte des Manga-Zeichners aus den 1950er-Jahren basiert, *Der König Leo.* Die Kopierten kopierten also selbst und der Kreis war geschlossen.

WIE BEKOMMT MAN EIN SCHIFF IN EINE FLASCHE?

FRAGE VON JEANNE B.

Eine Fregatte in eine Glasflasche zu quetschen, ist schon irgendwie irre, dabei ist die Methode relativ simpel, auch wenn sie handwerkliches Geschick erfordert.

> FLASCHENSCHIFFE WERDEN AUSSERHALB DER FLASCHE GEBAUT. DIE MASTEN UND DIE TAKELAGE SIND FLEXIBEL UND WERDEN EINGEKLAPPT, WENN DAS SCHIFF FERTIG IST. DANN WERDEN FÄDEN AN DEN MASTEN BEFESTIGT. SOBALD SICH DAS SCHIFF IN DER FLASCHE BEFINDET, ZIEHT MAN AN DEN FÄDEN UM DIE SEGEL ZU HISSEN UND DAS SCHIFF SEINE ENDGÜLTIGE GRÖSSE ERREICHEN ZU LASSEN.

Eine andere Methode wäre, das Schiff in eine Flasche ohne Boden einzusetzen und den Boden nachträglich anzubringen, was allerdings unter wahren Könnern verpönt ist. In solchen Fällen wird die Nahtstelle für gewöhnlich mit einem Schiffstau oder anderer Deko verdeckt.

Schiffe in Flaschen werden auch Buddelschiffe genannt, und ihre Erbauer BUDDELSCHIFF-MEISTER. So.

WIE VIELE REISKÖRNER SIND IN EINER 1-KG-PACKUNG?

FRAGE VON CÉDRIC

+/- 43 252
(ja, ich habe nachgezählt ...)

WIE VIELE HÖRNCHENNUDELN SIND IN EINER 500-G-PACKUNG?

QUESTION DE BISOUNOURS

+/- 5 913
(klar, die sind doch viel
größer als Reiskörner)

WIE VIELE MAISKÖRNER SIND AN EINEM KOLBEN?

FRAGE VON CROHM WUT

683
(an meinem
jedenfalls ...)

WARUM WIRD ZWEI MAL IM JAHR DIE ZEIT UMGESTELLT?

FRAGE VON ANRIOD

UND SCHLAFEN WIR DANN LÄNGER ODER KÜRZER? Das ist doch die Frage, die uns alle sechs Monate aufs Neue umtreibt. Das zu wissen, ist nämlich super wichtig, denn eine Stunde Schlaf mehr oder weniger kann uns zu einer ganz anderen Person machen. Aber abgesehen davon, warum gibt es eine Winter- und eine Sommerzeit?

Gehen wir zurück ins Jahr 1884, als sich die Welt im Zuge historischer Verhandlungen auf ein internationales Koordinatensystem einigte und damit auf einen gemeinsamen, in Greenwich, England markierten Nullmeridian. Der Grund: Wegen des zunehmenden, Länder und Kontinente übergreifenden Reiseverkehrs, war es notwendig geworden, internationale Fahrpläne und Betriebsabläufe aufeinander abzustimmen und eine genaue Weltzeit zur Verfügung zu haben. Die Winter- und Sommerzeit orientierte sich an dieser Weltzeit, doch ihre Einführung (und gelegentliche Aussetzung) variierte innerhalb der Länder (aufgrund von Kriegen oder wirtschaftlichen Berg- und Talfahrten, die sich auf die Erdöl- und Strompreise auswirkten ...). Ein grundlegender Gedanke einte jedoch alle, und zwar das Bestreben, den Stromverbrauch mittels Zeitverschiebung zu reduzieren. Und seit 1998 ist die Zeitumstellung in der Europäischen Union sogar einheitlich geregelt.

IN ALLEN MITGLIEDSSTAATEN FINDET DIE UMSTELLUNG AUF DIE SOMMERZEIT AM LETZTEN SONNTAG IM MÄRZ UND DIE UMSTELLUNG AUF DIE WINTERZEIT AM LETZTEN SONNTAG IM OKTOBER STATT. LANGE REDE, KURZER SINN: WIR SCHLAFEN EINE STUNDE LÄNGER, WENN DIE UHREN AUF DIE WINTERZEIT UMGESTELLT WERDEN. STIMMT, DAS HÄTTE ICH AUCH DIREKT SAGEN KÖNNEN!

WIE SCHNELL WACHSEN UNSERE HAARE?

FRAGE VON MADNEYX

0,35 MM AM TAG, ALSO 12,8 CM IM JAHR!

WIE VIELE SESAMKÖRNER SIND AUF EINEM HAMBURGER?

FRAGE VON BLUEKILL25

178 IM SCHNITT

WARUM ASSOZIIERT MAN BLAU MIT JUNGS UND ROSA MIT MÄDCHEN?

FRAGE VON ONIX

Um diese Grundsatzfrage beantworten zu können, muss ich weit ausholen und zwar bis in die **ANTIKE.** Im alten Griechenland war es nämlich eine gute Sache, Jungs zu bekommen. Sie arbeiteten früh und brachten entsprechend schnell Geld nach Hause. Mädchen hingegen kosteten viel und arbeiteten nicht (zumindest nicht gegen Bezahlung ...), und wenn sie heirateten, mussten die Eltern den Eltern des Bräutigams auch noch ein Brautgeld zahlen. Folglich bekamen die Leute lieber Jungs als Mädchen. Jungs wurden als Geschenk der Götter angesehen und in Blau gekleidet, der Farbe des Himmels, in dem die Götter wohnten. Und die Mädchen ... na ja, die wurden in die Farbe gekleidet, die gerade da war.

So, die Zeit vergeht, wir kommen ins **MITTELALTER** und – Überraschung! Blau wird zur Farbe der Jungfrau Maria und ... den Mädchen zugeordnet! Und den Jungs ... Rosa! Ganz genau! Die Bedeutungen kehrten sich einfach um! In dieser Epoche war Rosa ein Zeichen von Männlichkeit!

Dann verkehrt sich die Situation erneut und beiden Geschlechtern wird Weiß als Farbe zugeordnet, da sie für die Reinheit und Unschuld des Kindes steht.

> ROSA UND BLAU KAMEN ERST VIEL SPÄTER WIEDER IN MODE UND ZWAR UNTER LUDWIG XV., ALS PHILIPPE ROUET, EIN BELGISCHER MALER, EINEN NEUEN ROSATON FÜR DAS PORZELLAN DER KÖNIGLICHEN PORZELLANMANUFAKTUR IN SÈVRES KREIERTE. MADAME POMPADOUR, DIE GELIEBTE DES KÖNIGS, WAR SO VERRÜCKT NACH DIESEM FARBTON, DASS SIE VERANLASSTE, DASS ALLE MÄDCHEN AM VERSAILLER HOF IN DIESER FARBE EINGEKLEIDET WURDEN UND SEITDEM WIRD ROSA MIT WEIBLICHEN WERTEN WIE SCHÖNHEIT, SANFTHEIT UND ZARTHEIT ASSOZIIERT.

Plötzlich wurden Jungs also wieder in blaue Klamotten gesteckt! Aber mal ehrlich, wie dämlich ist es, Individuen nach Farben zu unterscheiden ...

WIE VIEL WIEGT DER RÜSSEL EINES ELEFANTEN?

FRAGE VON AAARTZ

ÜBER 100 KILO!
Der Rüssel allein besteht aus über 150 000 Muskeln!

WARUM SIND WIR
KITZLIG?

Frage von C3DRICDU35

Da ich euch mag, werde ich euch jetzt ein Geheimnis von mir verraten: Ich bin sehr kitzlig. Ob Füße oder Achseln, wenn man mich kitzelt, kann ich nicht mehr aufhören zu lachen.

Tatsächlich stimuliert das Kitzeln bestimmte Punkte des Körpers die selten berührt werden und sendet eine Botschaft an unser Gehirn, die ein Lachen auslöst. Für besonders empfindliche Menschen (zu denen ich gehöre), kann das Kitzeln der Fußsohlen aber auch sehr unangenehm sein. Ganz genau, manchmal ist selbst mir nicht zum Lachen zumute ...

DIE EMPFINDLICHSTEN KÖRPERTEILE SIND ÜBRIGENS DIE RIPPEN, DIE ACHSELN, DER HALS, DER BAUCH UND DIE FUSSSOHLEN. WENN IHR ALSO JEMANDEM SO RICHTIG SCHÖN AUF DIE NERVEN GEHEN WOLLT, WISST IHR JETZT BESCHEID.

Eine Frage ist jedoch noch ungeklärt: Warum müssen wir nicht lachen, wenn wir uns selbst kitzeln? Ganz einfach: Unser Gehirn ist ja nicht blöd. Da es weiß, dass wir es sind, reagiert es nicht überrascht und schickt eine andere Botschaft, als wenn wir von einer anderen Person gekitzelt würden ...

WIE LANGE DAUERT ES, BIS ZU EINER MILLIARDE ZU ZÄHLEN?

Frage von Iossy

Diese Art von Fragen amüsieren mich am meisten, da ich ja weiß, dass ihr wisst, dass ich zahlenfixiert bin und fast schon krankhaft gern alles zähle, was nicht bei drei auf den Bäumen ist. Aber diese Frage liebe ich besonders!

Allerdings liegt bereits eine wissenschaftliche Antwort vor. Geht man davon aus, dass man pro Zahl eine Sekunde braucht, würde es **31 JAHRE UND 259 TAGE** dauern, bis zu einer Milliarde zu zählen. Oh ja, da kommt man wieder runter ... Aber so einfach ist es auch wieder nicht, denn je länger die Zahl, desto länger dauert es, sie auszusprechen. Nehmen wir also an, dass wir im Schnitt drei Sekunden bräuchten, um bis zu einer Milliarde zu zählen, würde es direkt etwa 95 Jahre dauern! Und das alles ohne Pause, ohne zu trinken, zu essen, zu pinkeln oder Videospiele zu spielen. Ich fürchte, ich habe gerade meine neue unnütze Frage für YouTube gefunden ... Also bis irgendwann mal.

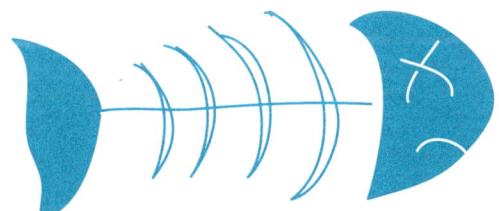

WIE VIELE GRÄTEN HAT EIN FISCH?

Frage von Hyper Lence

Ich habe die Gräten von drei Arten gezählt: der Sardine, der Makrele und der Dorade. Und je kleiner der Fisch, desto mehr Gräten scheint er zu haben. **DIE SARDINE HATTE 120 GRÄTEN, DIE MAKRELE 72 UND DIE DORADE (DER GRÖSSTE FISCH) GERADE MAL 68.**

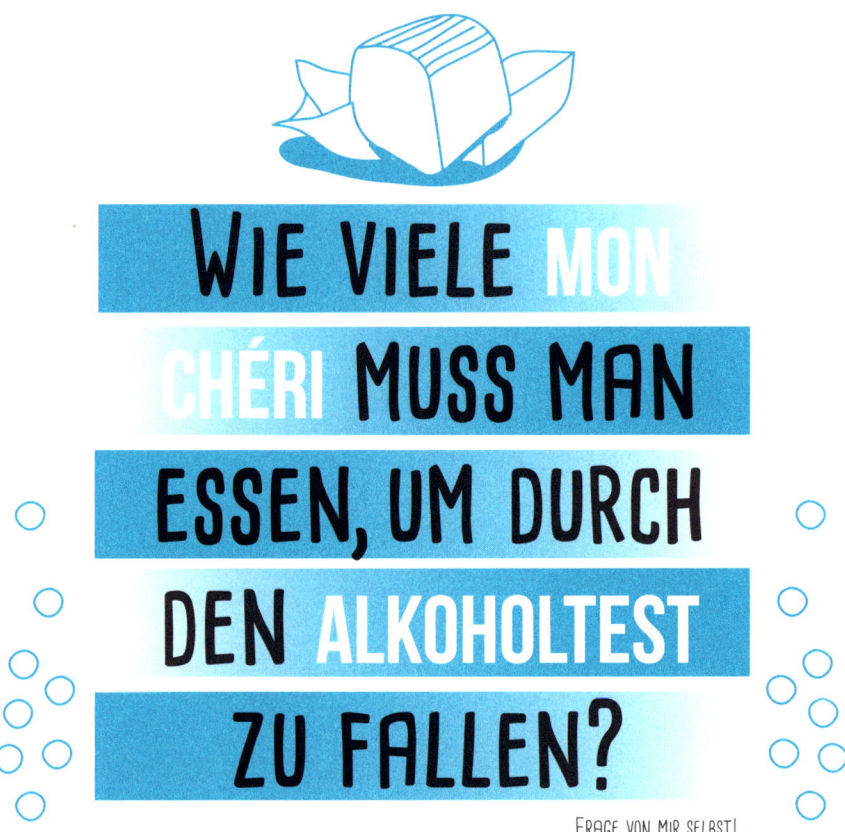

WIE VIELE MON CHÉRI MUSS MAN ESSEN, UM DURCH DEN ALKOHOLTEST ZU FALLEN?

FRAGE VON MIR SELBST!

Diese Frage haben wir uns bestimmt alle schon einmal gestellt, als wir (mit oder ohne Absicht) in eine Likörpraline gebissen haben. Und zwar genau in dem Moment, als wir zum ersten Mal in unserem Leben die Flüssigkeit ätzend unseren Hals hinabrinnen spürten, als sich Ekel auf unserem Gesicht abzeichnete und wir das Gefühl hatten, brechen zu müssen. Genau da haben wir uns gefragt: „Kann ich mich mit den Dingern eigentlich besaufen? Und wenn ja, wie viele müsste ich dafür essen?" Diese Frage lässt sich theoretisch und/oder praktisch beantworten.

ENTSPANNTE ANTWORT

Zugegeben, die theoretische Antwort ist viel einfacher (aber dafür auch viel unlustiger). Im Schnitt kommen auf **100 G SCHOKOLOADE 8 ML REINER ALKOHOL.** Da jedes Mon Chéri 10,5 g wiegt, lässt sich relativ leicht ausrechnen, dass jede Praline 0,67 g reinen Alkohol enthalten muss. Ein Glas Wein enthält im Vergleich 10 g!

Sie können sich also vorstellen, wie viele Mon Chéri Sie verdrücken müssten, um über den zulässigen Wert beim Alkoholtest zu kommen ... Wir können aber auch einfach weiterrechnen, um es herauszufinden. **EIN 80 KG SCHWERER MANN BENÖTIGT 28 G REINEN ALKOHOL, UM AUF ÜBER 0,5 G PRO KG (PROMILLE) ZU KOMMEN, SPRICH, ER MÜSSTE 42 MON CHÉRI ESSEN, UM DURCH DEN ALKOHOLTEST ZU FALLEN.** Soweit die Theorie.

ABSOLUT UNENTSPANNTE ANTWORT

Der Praxistest dagegen ... tja, der stellte sich als etwas komplexer heraus. Und ja, ich habe einen ganzen Morgen damit verbracht, Likörpralinen in mich hineinzustopfen, um den Beweis zu erbringen! Dabei verabscheue ich die Dinger so dermaßen, dass ich schon nach einer Praline direkt mein ganzes Leben an mir vorbeiziehen sehe. Der Test schlug mir also nicht nur auf die Nerven, sondern auch voll auf die Geschmacksknospen!

Ich beschloss, immer 15 Mon Chéri auf einmal zu essen und dann den Alkoholtest zu machen, um so nah wie möglich ans Ergebnis heranzukommen, doch als ich die 42. Praline (laut Theorie die fatale) geschluckt hatte, war der Test immer noch nicht positiv ... Ich musste also weiteressen, und das trotz der sich einstellenden Übelkeit und des sich abzeichnenden Leberschadens ...

Nach der 45. Praline begann sich die Farbe zu verändern. Ich teste mich also nach jeder Praline neu, um einen möglichst exakten Wert zu erhalten. Und endlich, nach dem 47. Mon Chéri, hatte ich die 0,5 Promille-Grenze erreicht! Zwischen Theorie und Praxis lagen also 5 Likörpralinen. Und ein Leberschaden ...

ABER WARUM 47 STATT DER ANGENOMMENEN 42 PRALINEN?

GANZ EINFACH: MON CHÉRI ENTHALTEN VIEL ZUCKER, DER DEN ALKOHOLGEHALT IM BLUT REDUZIERT.

Und schon haben wir eine weitere unnütze Frage beantwortet, die Sie sich auf Kosten meines Magens nicht mehr stellen müssen. Der seitdem übrigens ein wenig grummelt ... das arme Schätzchen.

WIE LANGE MUSS MAN WACH BLEIBEN, BEVOR MAN STIRBT?

FRAGE VON LUKABOX

Auf die Frage, wie lange der Mensch ohne Schlaf aushält, gibt es bislang keine Antwort. Sie wurde auch noch nicht im Labor untersucht, da sich bisher keine Freiwilligen gemeldet haben, aus dem einfachen Grund, dass der Versuch tödlich endet. Tja. Aber dafür gibt es einen Rekord, den 1965 ein Amerikaner aufgestellt hat, indem er 11 Tage (also 264 Stunden) wach blieb.

WISSENSCHAFTLICH GESEHEN FÜHRT NICHT DER SCHLAFMANGEL ZUM TOD, SONDERN EHER DIE BEGLEITUMSTÄNDE (ERHÖHTER BLUTDRUCK UND AUSSCHÜTTUNG DES STRESSHORMONS CORSTISOL), DIE DEM MENSCHEN SO SEHR ZUSETZEN, DASS ER STIRBT.

WIE OFT MUSS MAN SCHLECKEN, UM EINEN LUTSCHER AUFZUESSEN?

FRAGE VON TAUPE 10

Ich schwöre, ich habe jeden Schleck gezählt!

ICH BRAUCHTE 1087!
(und zwei Flaschen Wasser ...)

ZUR INFO: Wenn man 1087 Mal schleckt, reicht ein Lutscher aus, um eine Zunge für immer zu ruinieren.

WARUM WERDEN HARTE KEKSE WEICH, UND UMGEKEHRT?

FRAGE VON SLONEAXAR77

Ich weiß, es ist ungesund, aber ich liebe es zu naschen. Und ja, die Ernährungswissenschaftler haben natürlich recht, aber manchmal kann ich der einen oder anderen Leckerei zwischen den Mahlzeiten einfach nicht widerstehen. Mein geheimes Laster sind Marmeladenbrote und Kekse. Mit Letzteren habe ich jedoch ein Problem. Und zwar werden meine harten Kekse weich und meine weichen Kekse hart! Ja, jeder hat so seine Probleme, aber mich nervt das, auch wenn es natürlich einen Grund dafür gibt. **DER GEMEINSAME NENNER IST DIE LUFTFEUCHTIGKEIT!** Der harte Keks zum Beispiel kann nicht noch härter werden. Er kann nur eins: weicher werden. Und das passiert, sobald man ihn auspackt und er Feuchtigkeit aus der Luft aufnimmt: er zieht Wasser und quillt auf. Seinem Kollegen, dem weichen Keks, blüht das komplette Gegenteil. Er gibt nach dem Auspacken seine Feuchtigkeit an die Luft ab und wird hart. Ach ja, die Welt ist manchmal hart und ungerecht. Da knabbere ich mir zum Trost doch direkt mal 'nen Keks!

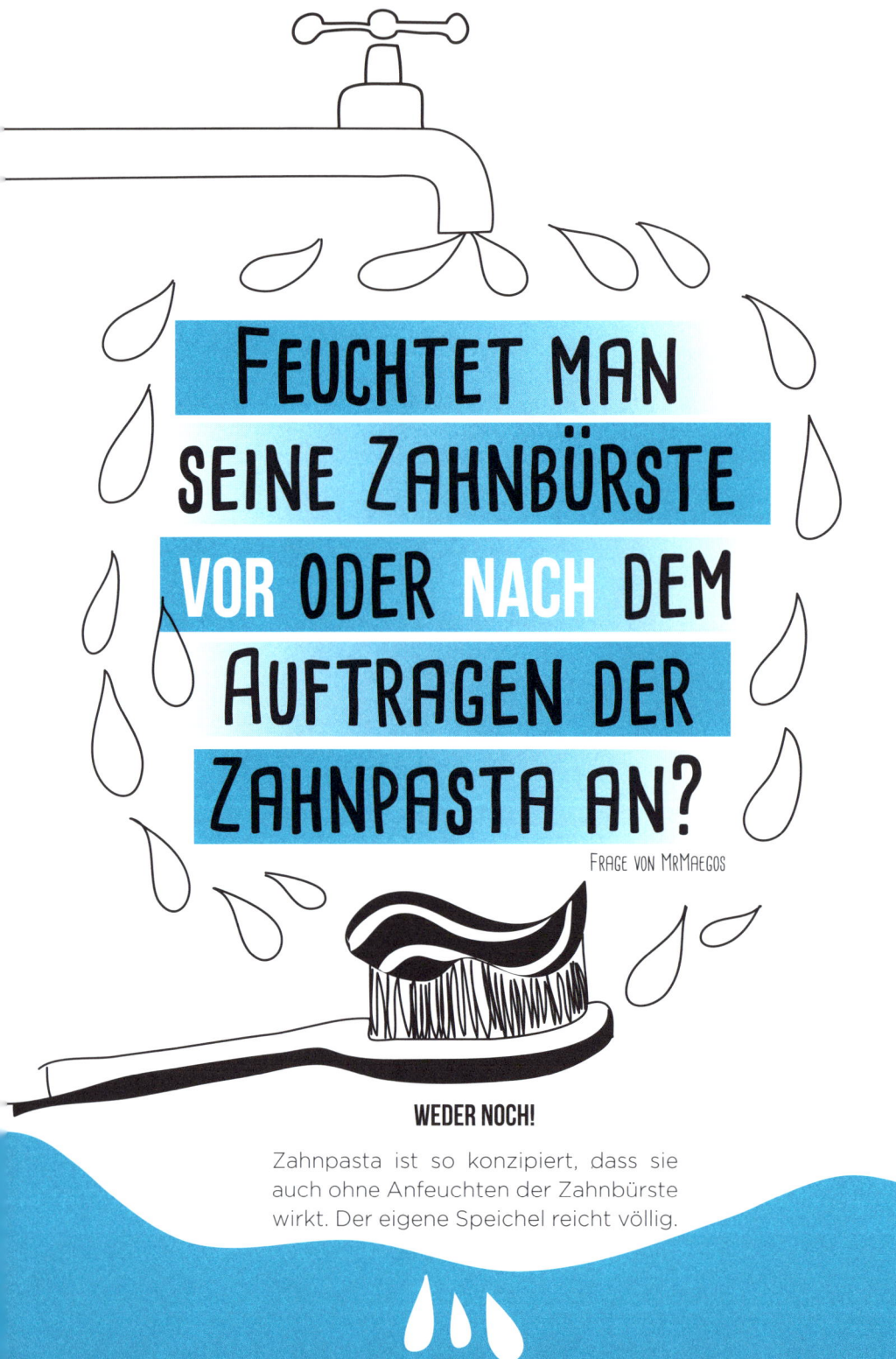

FEUCHTET MAN SEINE ZAHNBÜRSTE VOR ODER NACH DEM AUFTRAGEN DER ZAHNPASTA AN?

FRAGE VON MRMAEGOS

WEDER NOCH!

Zahnpasta ist so konzipiert, dass sie auch ohne Anfeuchten der Zahnbürste wirkt. Der eigene Speichel reicht völlig.

WIE WERDEN DIE EINSCHALTQUOTEN ERMITTELT?

Frage von Kevin T.

Manche Haushalte (zu denen Sie vielleicht gehören) sind mit einer Box ausgestattet, die genau aufzeichnet, was sich die Menschen aus diesen Haushalten ansehen. Hierzu muss sich jeder über die Fernbedienung an- oder abmelden und zwar wenn er einschaltet, den Raum verlässt etc. Diese Daten werden übermittelt, hochgerechnet und fließen in eine **STATISTIK** ein, die dann als repräsentativ für das Einschaltverhalten der gesamten Bevölkerung gilt.

WO LIEGT DIE SCHMERZGRENZE DES MENSCHLICHEN OHRS?

Frage von Kawaka20

BEI 120 DEZIBEL.

Diese Grenze wurde jedoch von einer HEAVY-METAL-BAND namens Manowar überschritten, die bei einem Soundcheck 129,5 Dezibel erreichte. Das entspricht etwa einem startenden Flugzeug. Seltsamerweise bereue ich es nicht, nicht dort gewesen zu sein ...

WARUM FALLEN KATZEN IMMER AUF IHRE PFOTEN?

Frage von Smoky Andal

Weil Katzen einen angeborenen Drehreflex haben, den sie sich schon lange vor ihrer Domestizierung angeeignet haben. Da sie viel auf Bäume klettern, sind sie unglaublich geschmeidig und haben einen hervorragenden Gleichgewichtssinn entwickelt.

KATZEN DREHEN SICH IM FALL REFLEXARTIG RICHTUNG BODEN. WENN SIE MIT DEM RÜCKEN VORAN FALLEN, DREHEN SIE ZUERST DEN KOPF, DANN DEN RESTLICHEN KÖRPER, UND DRÜCKEN SCHLIESSLICH KURZ VOR DER LANDUNG DEN RÜCKEN DURCH, UM DEN AUFPRALL ABZUFEDERN.

Allerdings müssen sie mindestens **1,5 METER** fallen, um diese Technik anwenden zu können. Ansonsten macht es Plumps, wie bei allen anderen auch …

WIE **ALT** IST DIE SONNE?

Frage von Lola D.

4,57 MILLIARDEN JAHRE
Und sie wird uns alle überleben!

WELCHE GESCHWINDIGKEIT ERREICHT EINE SCHNECKE?

Frage von Mr. Darknesseo

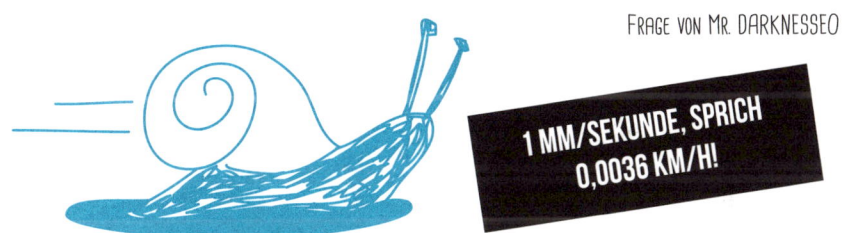

1 MM/SEKUNDE, SPRICH 0,0036 KM/H!

WAS MACHT DER KILOMETERZÄHLER, WENN WIR RÜCKWÄRTSFAHREN?

Frage von PopeyeLT

Na ... **NICHTS.** Außer Sie auslachen, weil Sie den Kilometerstand drücken wollten! Sie Schummler!

WOHER KOMMT EIGENTLICH ERDÖL?

FRAGE VON DJANGOGO8

Diese heißbegehrte Ressource ist für Leute wie mich, die nichts mit ihr zu tun haben, ziemlich abstrakt. Ich habe nicht einmal einen texanischen Onkel, der mit etwas abgeben könnte ...

Zunächst einmal ist Erdöl einige Millionen Jahre alt. So weit, so gut. Es entsteht in verhältnismäßig tiefen Meeresbereichen aus pflanzlichen und tierischen Lebewesen, bevor es in die **TIEFE BIOSPHÄRE ABSINKT (DAS IST FÜR NICHT EINGEWEIHTE DER BEREICH UNTER DEM MEERESBODEN).** Der anschließende Prozess ist ein klitzekleines bisschen kompliziert, aber im Großen und Ganzen bilden sich Schichten wie bei einem Tongefäß, sogenannte Sedimentschichten. Parallel entweichen durch die Verschiebung der Kontinentalplatten verschiedene Gase, die sich während der „Gärung" gebildet haben. Es handelt sich um einen komplett natürlichen Prozess, der ein paar Millionen Jahre später eine Ressource liefert, auf die wir heute nicht mehr verzichten können: Erdöl.

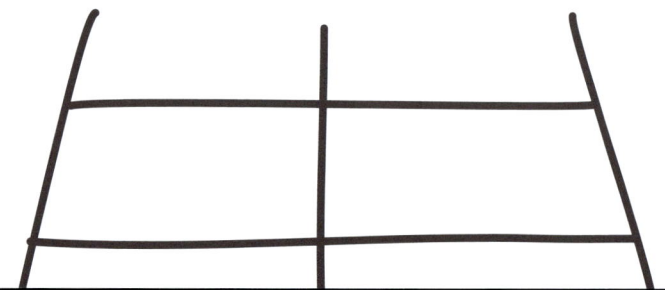

WARUM KNABBERN NAGETIERE GERNE AN ELEKTROKABELN?

FRAGE VON YOAN B.

Das hat weder mit Risikofreude noch mit einem Mangel zu tun, sondern mit Genuss. DIE KABELMÄNTEL ELEKTRISCHER DRÄHTE BESTEHEN NÄMLICH MANCHMAL AUS ZUCKRIGEN BIOMATERIALIEN WIE MAISSTÄRKE. Und dieser Zucker macht die Kabel für unsere kleinen Freunde so attraktiv.

WELCHE PFLANZE WÄCHST AM SCHNELLSTEN?

FRAGE VON ISAAC R.

Ich habe mich mal umgehört, und anscheinend glauben die meisten, dass Bambus die am schnellsten wachsende Pflanze ist. Tja, falsch gedacht! Es ist die **WASSERHYAZINTHE.** Sie wächst bis zu 5 Meter am Tag! Deswegen ist diese Pflanze auch so gefährlich für unser Ökosystem, denn wenn etwas so schnell wächst, begräbt es irgendwann alles andere unter sich ...
Ich habe im Vergleich 18 Jahre gebraucht, um 1,88 Meter zu wachsen ...

WARUM SCHLAFEN FLEDERMÄUSE MIT DEM KOPF NACH UNTEN?

FRAGE VON FABIEN W.

Diese Außenseiter der Tierwelt werden von uns Menschen sehr gefürchtet, weil wir sie, äh, für **VAMPIRE** halten, die sich nur auf ihre Beute stürzen, um ihr Blut auszusaugen ... und weil sie viele Krankheiten übertragen. Gut, Letzteres stimmt wahrscheinlich, aber das ganze Vampir-Trara ist wirklich übertrieben.

Klar, wenn man lange genug sucht, wird man südlich des Äquators die eine oder andere Art finden, die ab und an das Blut verwundeter Tiere leckt. Es kann ja auch sein, dass die eine oder andere Fledermaus ausgehungert und in letzter Instanz einen oder zwei Menschen im Schlaf gebissen hat, aber nur, weil ein paar dumme Nudeln nichts mehr zu essen gefunden haben, müssen wir doch nicht gleich eine ganze Rasse abstempeln, oder?

EINS IST AUF JEDEN FALL SICHER. IN EUROPA HABEN WIR KEINE VAMPIR-FLEDERMÄUSE. UNSERE ESSEN LIEBER FRÜCHTE UND WÜRDEN IM SUPERMARKT DIE OBST- UND GEMÜSEABTEILUNG DER FLEISCHTHEKE VORZIEHEN!

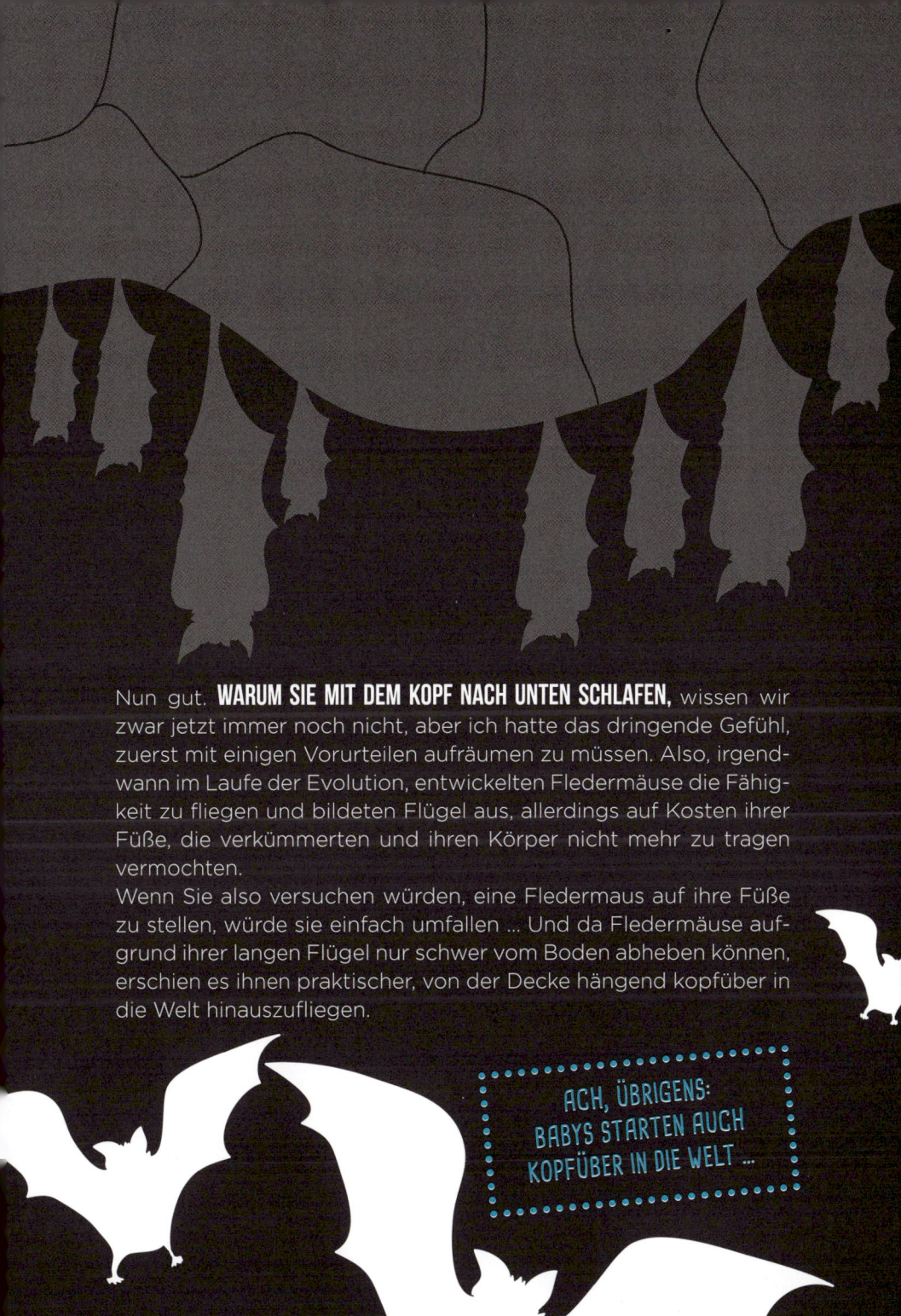

Nun gut. **WARUM SIE MIT DEM KOPF NACH UNTEN SCHLAFEN,** wissen wir zwar jetzt immer noch nicht, aber ich hatte das dringende Gefühl, zuerst mit einigen Vorurteilen aufräumen zu müssen. Also, irgendwann im Laufe der Evolution, entwickelten Fledermäuse die Fähigkeit zu fliegen und bildeten Flügel aus, allerdings auf Kosten ihrer Füße, die verkümmerten und ihren Körper nicht mehr zu tragen vermochten.

Wenn Sie also versuchen würden, eine Fledermaus auf ihre Füße zu stellen, würde sie einfach umfallen ... Und da Fledermäuse aufgrund ihrer langen Flügel nur schwer vom Boden abheben können, erschien es ihnen praktischer, von der Decke hängend kopfüber in die Welt hinauszufliegen.

ACH, ÜBRIGENS:
BABYS STARTEN AUCH
KOPFÜBER IN DIE WELT ...

WIE KOMMEN DIE LÖCHER IN DEN KÄSE?

FRAGE VON ARCAB-77

An dieser Stelle möchte ich etwas klarstellen, das eigentlich jeder wissen sollte: **DER MIT DEN LÖCHERN IST NICHT DER GRUYÈRE,** sondern der Emmentaler!

Nach dieser Klarstellung steht folgender Frage nichts mehr im Wege: Wie kommen die Löcher in den Emmentaler? Nun, das liegt an den Milchsäurebakterien, die während der Reifung **KOHLENDIOXID** (das berühmte CO_2) freisetzen. Doch, doch, das stimmt! Zwar versucht die Forschung seit 1917 herauszufinden, wie die Löcher in den Käse kommen, doch blieb bis 2015 allen ein Rätsel, was genau während der Reifung geschieht. Heute wissen wir es. Und das Ergebnis könnte überraschender nicht sein!

> DIE LÖCHER ENTSTEHEN DURCH WINZIGE HEUPARTIKEL, DIE BEIM MELKEN IN DIE MILCH GELANGEN. ENTSCHEIDEND HIERFÜR SIND DIE KAPILLAREN IN DEN PARTIKELN, IN DIE DAS VON DEN BAKTERIEN GEBILDETE GAS WÄHREND DER REIFUNG EINDRINGT UND KLEINE BLÄSCHEN IN DEN KÄSE DRÜCKT ... DIE ZU LÖCHERN WERDEN.

Die Entdeckung, dass mit der fortschreitenden Technologisierung des Melkens die Löcher im Käse immer seltener wurden, lieferte schließlich den entscheidenden Hinweis, um eines der größten Rätsel unserer Zeit zu lüften. Na ja, zumindest meiner Meinung nach ...

WO SCHLAFEN VÖGEL?

Frage von Clara T.

„Na, in ihren Nestern natürlich!", möchte man da antworten. Stimmt aber nicht. Nester sind ein bisschen so wie Kinderzimmer, in die Küken geboren werden und in denen sie aufwachsen. Danach werden sie flügge und **SCHLAFEN WOANDERS.** Vögel haben nur während der Balz und zur Aufzucht ein Nest, die restliche Zeit leben sie ohne und ruhen sich lieber auf den Ästen von Bäumen aus, wo sie, versteckt zwischen Blättern, gut vor Räubern geschützt sind.

WIE SCHNELL WACHSEN UNSERE NÄGEL?

Frage von Mary PMV

Fingernägel wachsen im Schnitt **3 MM IM MONAT,** während Zehennägel 30 % bis 50 % langsamer wachsen. **EIN FINGERNAGEL BRAUCHT 4 BIS 6 MONATE, UM SICH KOMPLETT ZU ERNEUERN, EIN FUSSNAGEL BIS ZU 12 MONATE.**

WOHER KOMMT DAS AT-ZEICHEN?

Frage von Gaël J.

Sagt Ihnen der Name Ray Tomlinson etwas? Nein?

Schade, denn dieser Mann hat die Informatik entschieden vorangetrieben. Er hat nicht nur die **E-MAIL** erfunden (allein darauf könnte er sich jede Menge einbilden), sondern ist auch für die heutige Verwendung des **AT-ZEICHENS** verantwortlich, das Internetsymbol schlechthin.

1971 suchte der amerikanische Techniker nach einem Zeichen, um die beiden Teile der E-Mail-Adresse voneinander zu trennen, und ging seine Tastatur nach einem Zeichen durch, das in keinem Eigennamen vorkam. Dabei stieß er auf die Taste P (damals teilten sich der Buchstabe **P** und das **@-ZEICHEN** dieselbe Taste, das man mit dem Shortcut **SHIFT + P** aktivierte) – und holte mit dieser Wahl das At aus der Versenkung.

Gehen wir jedoch ein wenig ins Detail. Wie kam das At-Zeichen überhaupt auf Tomlinsons Tastatur?

DAS KLINGT JETZT VIELLEICHT SELTSAM, ABER DAS AT ER-FREUTE SICH SCHON LANGE VOR 1971 UND RAY TOMLINSON GROSSER BELIEBTHEIT. MAN RISS ES SICH, QUASI WIE EINE JUSTIN-BIEBER-CD ODER DAS NEUESTE IPHONE-MODELL, FÖRMLICH AUS DER HAND. IM ANGELSÄCHSISCHEN RAUM WURDE ES ZUM BEISPIEL ZUR KENNZEICHNUNG VON STÜCK-PREISEN EINGESETZT. „2 BÜCHER @ $ 10" BEDEUTETE SO VIEL WIE „2 BÜCHER ZU $ 10". ALS 1873 DIE ERSTEN SCHREIBMASCHINEN AUF DEN MARKT KAMEN, WURDE DAS AT DAHER RECHT SCHNELL MIT AUF DIE TASTATUR GE-SETZT, UM GEWERBETREIBENDEN UND BUCHHALTERN DIE ARBEIT ZU ERLEICHTERN. SPÄTER WURDE ES EINFACH ÜBERNOMMEN, AUS TRADITION ODER VIELLEICHT SOGAR AUS FAULHEIT, WAS DEM AT SCHLIESSLICH ZU SEINEM COMEBACK VERHALF.

EINE FRAGE IST JEDOCH NOCH OFFEN: WO KOMMT DAS AT-ZEICHEN URSPRÜNGLICH HER?

Ah! Hier driften die Meinungen auseinander! Einige Linguisten behaupten zum Beispiel, dass das At bereits im 16. Jahrhundert in lateinischen Manuskripten auftauchte. Demnach war das @ eine Abkürzung für die Präposition „ad" (was so viel wie „bis zu, an, bei" bedeutete) und ergab sich aus der Ligatur dieser beiden Buchstaben, wenn man das „d" elegant um das „a" rollte.

WOFÜR IST DIE KLEINE TASCHE AN DER JEANS?

FRAGE VON CHARLIE CHOU

Für Kleingeld, Kondome oder Hausschlüssel vielleicht? Weit gefehlt!

Als **JACOB DAVIS** und **LEVI STRAUSS** die Jeans 1873 erfanden, war dieses Kleidungsstück noch lange nicht so beliebt wie heute. Damals arbeitete Jacob Davis als Schneider für ein reiches Klientel, das durch die Bank weg eine Taschenuhr besaß, weshalb er der Jeanshose eine fünfte Tasche hinzufügte, in die seine Kunden ihre Uhren stecken konnten.

DIE TASCHE GIBT ES IMMER NOCH, DENN ALS JACOB DAVIS UND LEVI STRAUSS IHR PATENT ANMELDETEN, VERFÜGTEN SIE, DASS EINE ECHTE JEANS EINE FÜNFTE TASCHE HABEN MÜSSE.

Heute können Sie sie nutzen, wie Sie wollen, und ich muss gestehen, dass ich ziemlich dankbar für diese Extratasche bin, da ich nach dem Einkaufen gern mein Kleingeld hineinstecke.

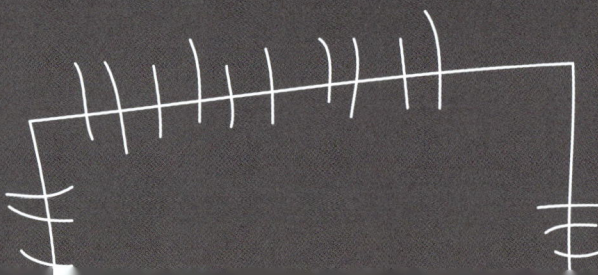

WOHER WEISS MAN, OB
EIN EI VERDORBEN IST?

FRAGE VON CORALIE L.

GANZ EINFACH: tauchen Sie es ins Wasser. Im Ei ist eine Luftkammer, die mit der Zeit größer wird und je mehr Luft sich im Ei befindet, desto wahrscheinlicher ist es verdorben. Sprich, geht es unter, können Sie es essen, STEIGT ES NACH OBEN, SOLLTEN SIE SICH LIEBER EIN STEAK BRATEN.

WARUM WACKELN
HÜHNER IMMER MIT DEM KOPF?

FRAGE VON AURELIEN G.

Hühneraugen befinden sich **SEITLICH AM KOPF,** wie es bei Fluchttieren – also bei Tieren, die sich eher am unteren Ende der Nahrungskette befinden – häufig der Fall ist. Das Problem ist, dass die Bilder, die jedes Auge für sich einfängt, nicht wirklich scharf sind. Es ist ein bisschen so, als würde man in einem Zug sitzen und die Landschaft an sich vorbeiwischen sehen. Um diesen Effekt zu reduzieren, und ein stabiles Bild zu erhalten, bewegen Hühner ihren Kopf ruckartig nach vorne und nach hinten. Auf diese Weise währt der Moment, in dem sie unscharf sehen, nur ganz kurz! AUSSERDEM HILFT IHNEN DAS KOPFWACKELN DABEI, EINE RÄUMLICHE VORSTELLUNG VON IHRER UMGEBUNG ZU BEKOMMEN.

WIE HEISST MCGYVER MIT VORNAMEN?

FRAGE VON AURÉLIE

ANGUS

WIE VIEL SCHWEISS PRODUZIEREN WIR AM TAG?

FRAGE VON MICHAEL T.

ZWISCHEN 0,5 UND 1 LITER! Bei sportlicher Betätigung schaffen wir sogar bis zu 3 Liter. Was bei vier Millionen Schweißdrüsen, die über unseren gesamten Körper verteilt sind, ziemlich ordentlich ist …

WAS WAR DER ALLERERSTE YouTube-KOMMENTAR?

FRAGE VON MISTER BOBEY

Ein einzelnes Wort, gepostet von COBALTGRUV: **„INTERESTING".**

Das kommentierte Video (eines der ersten übrigens) heißt „*Me at the Zoo*" und zeigt einen der YouTube-Gründer im … Zoo.

WARUM GEHEN
KREBSE
SEITWÄRTS?

Frage von AmandeCats666

Das hat rein gar nichts mit Tiefenrausch zu tun. Um sich vor **ÄUSSERLICHEN ANGRIFFEN** wie Schnabelhieben zu schützen, wurden die Panzer der Krebse im Laufe der Evolution immer flacher und breiter. Dieses charakteristische Aussehen macht sie zwar weniger angreifbar, aber zugegebenermaßen auch ein wenig lächerlich.

Dass sie seitwärts laufen, heißt aber nicht, dass sie es müssen. Sie können auch vorwärts oder rückwärts gehen, aber nur ganz langsam. DAS LIEGT DARAN, DASS IHR STARRER PANZER UND IHRE DICHT BEIEINANDERLIEGENDEN BEINE VOR- UND RÜCKWÄRTSBEWEGUNGEN KAUM ZULASSEN, VOR ALLEM WENN ES SCHNELL GEHEN MUSS.

Also nein, Krebse sind nicht von morgens bis abends betrunken, sondern bewegen sich so, wie sie es gerade müssen!

Wie finden sich Fische in der Tiefsee

ZURECHT?

Frage von Marine R.

Die Tiefsee ist so tief, dass sich nur selten ein Lichtstrahl dorthin verirrt. Es ist also sehr, sehr dunkel dort! Genau aus diesem Grund sind manche Fische quasi mit natürlich ausgebildeten Laternen ausgestattet, während andere nichts haben, um sich den Weg oder die richtige Richtung zu leuchten. Knochenfische haben dafür kleine Steinchen im Kopf, sogenannte Otolithen, die für den Gleichgewichtssinn wichtig sind und es ihnen so ermöglichen, sich am dunklen Meeresboden zu orientieren.

APROPOS ERLEUCHTUNG: WIR MENSCHEN HABEN EIN GANZ ÄHNLICHES SYSTEM IN DEN INNENOHREN.

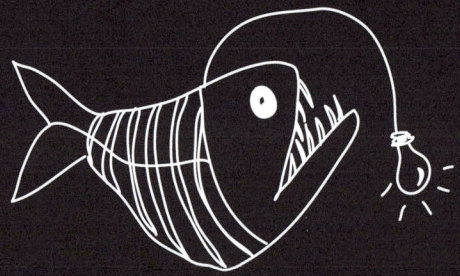

IST DAS SCHNURREN EINER KATZE WIRKLICH BERUHIGEND?

FRAGE VON SEVENFOLD71

Also, eine Katze auf dem Schoß zu haben, ist ja schon mal ganz entspannend. Und nach einem langen Arbeitstag fühlt es sich immer gut an, seinen Vierbeiner zu begrüßen und unter dem Kinn zu kraulen. Katzen entspannen uns aber auch auf eine andere Art: indem sie Schnurren. Katzen schnurren auf einer Frequenz zwischen **25 UND 30 HERTZ,** was relativ niedrig ist, aber niedrige Frequenzen haben bewiesenermaßen eine wohltuende Wirkung und zwar sowohl psychisch als auch physisch.

Ich fasse also zusammen: Schnurrende Katzen helfen weder bei einem gebrochenen Arm noch bei einer Grippe, wirken jedoch definitiv stimmungsaufhellend. Schauen Sie doch mal in einer Katzenbar nach japanischem Vorbild vorbei ...

ÜBRIGENS KANN MAN VON KLASSISCHER MUSIK UNTERMALTES SCHNURREN SOGAR AUF CD KAUFEN!

WOFÜR STEHT „ETC."?

FRAGE VON YOUSSEF B.

Diese Abkürzung steht für den lateinischen Ausdruck **„ET CETERA"** und bedeutet so viel wie „und die übrigen Dinge". Die richtige Aussprache ist allerdings nicht **„EH-ZET-ERA"**, sondern **„EHT-ZET-ER-AH"**.

WIE KOMMT MAN WIEDER AUS EINEM LABYRINTH?

Frage von Lucie T.

Achtung, **DIESE METHODE** funktioniert nur, wenn der Ausgang des Labyrinths nach außen führt und es nicht darum geht, in die Mitte zu gelangen.

In diesem Fall genügt es, die Hand auf die rechte Wand zu legen (oder auf die linke, wie Sie wollen, aber wechseln Sie auf keinen Fall mittendrin) und das Labyrinth einfach abzugehen, selbst wenn Sie eine Sackgasse erreichen und ein Stück umkehren müssen. Es kann sein, dass Sie das komplette Labyrinth ablaufen müssen, bevor Sie wieder zum Ausgang gelangen, aber wenigstens sind Sie danach draußen.

KANN UNSERE STIMME EIN
GLAS ZERSPRINGEN LASSEN?

FRAGE VON OXINE_DRAGIBUS_

NATÜRLICH NICHT! Das können nur legendäre Opernsängerinnen wie die Castafiore aus „Tim und Struppi" … Real existierende Opernstars, selbst die berühmtesten, könnten unmöglich eine Note so lange in der Resonanzfrequenz eines Glases halten, bis es zerbricht. Allerdings könnten sie ernsthaft unseren Ohren schaden …

KANN MAN EINE
GITARRE NACH
GEHÖR STIMMEN?

FRAGE VON TECHNOBOB

Für **HOBBYMUSIKER** dürfte es schwierig werden, eine Gitarre nach dem Gehör zu stimmen, aber es gibt einen ganz einfachen Trick: das Freizeichen des Telefons entspricht nämlich exakt dem Kammerton „a". Und wer sich jetzt fragt, welche Saite dem „a" entspricht, der sollte sich wohl nach einem anderen Hobby umsehen …

WIE VIELE POST-ITS BRAUCHT MAN, UM EIN ZIMMER ZU BEKLEBEN?

FRAGE VON SHAMANNIAC

AHHH, DAS GUTE ALTE POST-IT. Super praktisch, stimmt schon, aber nur in der richtigen Dosierung! Eigentlich ist es ganz einfach: Ein, zwei oder drei Post-its mit vernünftigen, präzisen Informationen auf dem Schreibtisch können extrem hilfreich sein. Das Problem ist nur, dass man, ohne es zu merken, in den Sog dieser kleinen Zettelchen gerät und unversehens den ganzen Schreibtisch voller kleiner, bunter Papierstücke kleben hat, mit Informationen die nach einer Weile absolut keinen Sinn mehr ergeben. Haben wir nicht alle dieses eine Post-it an der Ecke unseres Rechners kleben, auf dem eine einzelne, verwaiste Nummer ohne Namen steht und das wir wie einen kostbaren Schatz hüten? Aber wozu? Wir haben doch eh nicht den Mut, anzurufen und zu sagen: „Schönen guten Tag, Ihre Nummer steht schon ewig auf einem meiner Post-its ... wer sind Sie?" Nein, den haben wir nicht. Was, wenn die Frau Ihres Chefs am anderen Ende der Leitung ist? Stellen Sie sich das mal vor! Oder, noch schlimmer, diese super nervige Person, der sie un-be-dingt aus dem Weg gehen wollen und deren Nummer Sie genau deswegen notiert haben: damit Sie eben nicht ans Telefon gehen, wenn sie auf Ihrem Display auftaucht!

So viel also zur wunderbaren Verwendung des Post-its. Seit einigen Jahren finden jedoch, vor allem in Frankreich, die Klebezettel in Firmen eine neue Verwendung: beim **POST-IT-WAR!** DAS IST EINE NEUE MARKETINGSTRATEGIE VON POST-IT, DENN: BLÖD SIND SIE JA NICHT! BEIM POST-IT-WAR GEHT ES DARUM, KLEBEZETTEL IN FORM VON FENSTERBILDERN AN DIE SCHEIBEN ZU KLEBEN. Dieser „Krieg" hat dazu geführt, dass man sich gegenseitig mit immer größeren Fensterbildern zu überbieten suchte! Bis auch diese Verwendung total außer Kontrolle geriet, weil die Leute anfingen, einfach alles zu bekleben: Tische, Stühle, Autos ... sogar Häuser!

Aber um überhaupt loslegen zu können, gilt es als erstes herauszufinden, wie viele Post-its man kaufen muss. Und da es keine Formel gibt, anhand derer man ausrechnen könnte, wie viele Klebezettel für eine bestimmte Fläche nötig sind – und da jede unnütze Frage eine Antwort verdient – komme ich ins Spiel!

WAS FÜR EIN SPASS!

Wobei, natürlich gibt es eine Formel, man muss nur die Maße eines Post-its mit der Fläche der zu beklebenden Wände verrechnen ... Aber wo bleibt da das Kind in uns, das keinen Bock auf rationale Ansätze hat, sondern lieber das ganze Wohnzimmer mit bunten Zettelchen bekleben will, um zur Lösung zu gelangen? Ich weiß ja nicht, wie es Ihnen geht, aber ICH liebe Feldversuche!

Hier stehe ich also, in meiner Wohnung und mit einem Sack voller Post-its, bereit, mein 15 m² großes Wohnzimmer (sprich 37 m² Wandfläche) zu bekleben. Am Anfang ist es noch ein Riesenspaß, grüne, orange, gelbe und rosafarbene Quadrate aneinanderzukleben und die Wand in ein neonbuntes Mosaik zu verwandeln. Aber nach drei Stunden, wenn erst eine Wand voll ist ... tja, da fängt der Versuch langsam an, zu nerven.

HILFE!

Vor allem, weil Post-its eine ganz blöde Angewohnheit haben: sie bleiben nicht kleben! Eigentlich ganz schön frech für ein Post-it ... Um ein möglichst verlässliches Ergebnis zu erzielen, habe ich die einzelnen Post-its leicht überlappend aneinandergeklebt, damit keine Lücken entstanden. Das Problem: sobald sich eins von der Wand löst, reißt es alle anderen mit, die sowieso schon nicht mehr richtig geklebt haben. Das Ergebnis: ganze Bereiche lösten sich regelmäßig zum kollektiven Selbstmord von der Wand ... Nach 6 Stunden Höllenqualen musste ich Verstärkung in Form von zwei Tesafilmrollen anfordern, um die kleinen Schlingel wieder zur Raison zu bringen. Nachdem dieses Problem gelöst war, musste ich nur noch meinen letzten Gegner besiegen: meine eigene Ungeduld. Und eins können Sie mir glauben, man braucht viel Geduld, um 15 m² zu bekleben!

Und man braucht viele Post-its, in diesem Fall genau 6304, die ich in 11 Stunden und 9 Minuten aufgeklebt habe.

JETZT WISSEN WIR: FÜR 1 QUADRATMETER BRAUCHT MAN 170 POST-ITS!

WOHER WISSEN WIR, WIE WEIT EIN GEWITTER ENTFERNT IST?

FRAGE VON YOUDIII

Indem wir auf das Gewitter zugehen und dabei unsere Schritte zählen? Nein, es gibt eine viel einfachere und, nun ja, sagen wir mal sicherere Methode ... Man zählt die Sekunden zwischen dem Blitz und dem Donner, teilt die Zahl durch drei – und erhält die Anzahl der Kilometer, die einen vom Gewitter trennen.

Beispiel: Wenn zwischen Blitz und Donner drei Sekunden vergehen, ist das Gewitter 1 km von uns entfernt.

WARUM KLAPPERN WIR MIT DEN ZÄHNEN, WENN WIR FRIEREN?

FRAGE VON ISABELLE R.

Wenn wir frieren, versucht unser Körper, sich schnell **AUFZUWÄRMEN,** indem er alle Muskeln anspannt. Deshalb zittern wir und klappern mit den Zähnen.

WARUM HÖREN WIR DAS MEER IN EINER MUSCHEL RAUSCHEN?

FRAGE VON LEXOSS

Das hat weder mit dem Meer noch mit der Muschel zu tun. Gut, vielleicht ein wenig, aber nicht so, wie Sie es sich vorstellen.

Tatsächlich wird eine Muschel an unserem Ohr zu einer **ECHO-KAMMER.** Was wir hören, ist unser Herzschlag und das Rauschen unseres Bluts in unseren Ohren. Dasselbe Geräusch hören wir übrigens, wenn wir unsere Hände an einem stillen Ort an unsere Ohren drücken. Sieht ziemlich bescheuert aus, wirkt aber immer entspannend!

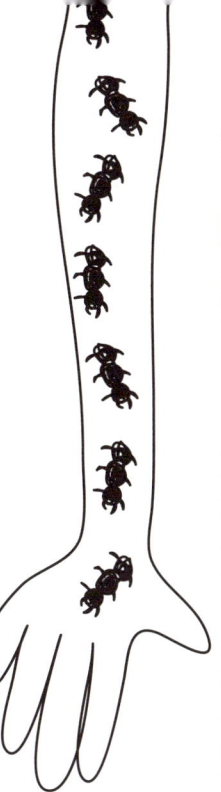

WARUM SPÜREN WIR EIN KRIBBELN IN ARMEN UND BEINEN?

FRAGE VON AUDREY BGR

Blut fließt durch unseren gesamten Körper, doch manchmal, wenn wir auf eine bestimmte Art sitzen oder auf unserem Arm einschlafen, wird im entsprechenden Körperteil die **BLUT-ZIRKULATION UNTERBROCHEN.** In diesem Fall werden die Nerven nicht mehr mit genügend Sauerstoff versorgt und schicken keine Signale mehr an das Gehirn, weshalb wir unseren Arm oder unser Bein nicht mehr spüren. Sobald wir uns bewegen, beginnt das Blut wieder zu fließen und die Nervenzellen bekommen wieder genug Sauerstoff, um Signale an unser Gehirn zu schicken – das unter der plötzlichen Menge an Informationen, die auf uns einstürzen, zusammenbricht und im unterversorgten Bereich mit Ameisenkribbeln reagiert.

WARUM BEKOMMEN WIR IM ALTER WEISSE HAARE?

FRAGE VON BENJAMIN G.

Unsere, in Märchen wie *„Tausendundeine Nacht"* so vielfach gerühmten, seidenen Haare, sind eigentlich nicht mehr als … **HORN-FÄDEN.** Ob Scheherazade nun will, oder nicht. Und ob blond, braun, rot oder schwarz, die Farbe wird allein durch den Farbstoff Melanin bestimmt, das in Pigmentzellen (Melanozyten) gebildet wird. Wenn wir älter werden, bilden diese Zellen jedoch immer weniger Melanin, sodass wir allmählich weiße Haare bekommen …

WARUM SIND STOPP-SCHILDER ACHTECKIG?

Frage von Céline B.

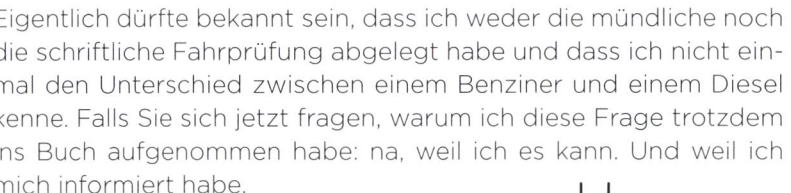

Eigentlich dürfte bekannt sein, dass ich weder die mündliche noch die schriftliche Fahrprüfung abgelegt habe und dass ich nicht einmal den Unterschied zwischen einem Benziner und einem Diesel kenne. Falls Sie sich jetzt fragen, warum ich diese Frage trotzdem ins Buch aufgenommen habe: na, weil ich es kann. Und weil ich mich informiert habe.

AM 8. NOVEMBER 1968 WURDE AUF EINER UN-KONFERENZ IN WIEN BESCHLOSSEN, DIE VERKEHRSZEICHEN FÜR DEN STRASSENVERKEHR INTERNATIONAL ZU VEREINHEITLICHEN. ODER, ANDERS FORMULIERT: WIR EUROPÄER HABEN UNS FÜR EINE BESCHILDERUNG NACH AMERIKANISCH-KANADISCHEM VORBILD ENTSCHIEDEN. MIT DIESEM HISTORISCHEN EXKURS KOMMEN WIR DER ANTWORT SCHON EIN STÜCKCHEN NÄHER. (8-ECKIG, 8. NOVEMBER ... SELTSAM, ODER?)

Die Antwort auf unsere Frage hat in Wirklichkeit mit dem Wetter zu tun. Bleiben wir also noch kurz auf der anderen Seite des Atlantiks und zwar in ... **ALASKA.** Wie wir alle wissen, ist es dort ziemlich kalt und die Verkehrsschilder schneien schnell mal ein, was es mitunter schwierig macht, sie zu lesen. Es sei denn, das Schild hat eine ganz spezielle Form. Und dank dieser Form, die es einzigartig macht, können Autofahrer Stoppschilder sogar dann noch erkennen, wenn sie sie vor lauter Schnee nicht mehr lesen können.

An dieser Stelle darf ich meine Freunde mit Führerschein daran erinnern, dass es eine Straftat darstellt, an einem Stoppschild nicht zu halten und dass, je nach Situation, ein Bußgeld von bis zu 120 € sowie ein Punkt fällig werden können. Aber auch der Führerscheinentzug oder eine Freiheitsstrafe können drohen. Ein Stoppschild zu überfahren, kann einen also im doppelten Sinne teuer zu stehen kommen.

WARUM WERDEN UNSERE FINGER IM WASSER SCHRUMPELIG?

FRAGE VON OXIYGEN

Die meisten von uns dachten immer, dass sich die Ballen unserer Finger und Zehen nach einem längeren Aufenthalt im Wasser vollsaugen und aufschwemmen. Mittlerweile haben Forscher jedoch eine neue These vorgestellt: Anscheinend zieht unser Nervensystem die feinen Blutgefäße in den Finger- oder Zehenspitzen zusammen, wenn sie längere Zeit im Wasser sind, sprich unsere Haut quillt nicht auf, sondern schrumpelt eher ein bisschen und verliert an Volumen. Die Haut wird also nicht weniger, sondern zieht sich nach innen und wird wellig.

Laut Tom Smulders, von der Universität Newcastle in England, sollen wir auf diese Weise feuchte Gegenstände besser greifen können, weil schrumpelige Finger ähnlich wie die Rillen von Autoreifen für eine bessere Haftung im Wasser sorgen. **ERSTAUNLICH!**

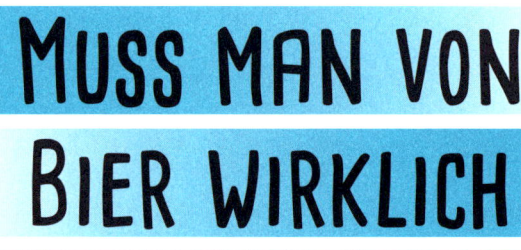

MUSS MAN VON BIER WIRKLICH

MEHR PINKELN?

FRAGE VON SYLVAIN

Diese Frage haben wir uns alle schon einmal gestellt, vorzugsweise unter Freunden in der Kneipe. Und kaum haben wir das erste Bier geleert, beginnen wir uns auf unseren Stühlen zu winden, dabei können wir auf der Arbeit oder beim Sport locker eine ganze Flasche Wasser trinken, ohne dass wir dringend austreten müssten.

Daher also folgende, kniffelige Frage: Muss man von Bier wirklich mehr pinkeln?

Ich habe den Versuch gewagt. An zwei Morgen in Folge, mit der Stoppuhr in der einen und einem Messbecher in der anderen Hand. Am ersten Morgen mit Wasser, am nächsten mit Bier. Eine Stunde, nachdem ich 500 ml Wasser getrunken hatte, habe ich es nicht mehr ausgehalten und 400 ml gepinkelt. Dieser erste Wert diente mir als Vergleich für den nächsten Tag. Übrigens, morgens einen halben Liter Bier zu trinken ist sehr viel schwerer, als Wasser zu trinken. Wirklich wahr ... Nachdem ich das also gemeistert hatte, hieß es abwarten. Dieses Mal hielt ich es jedoch bereits nach einer halben Stunde nicht mehr aus. Die Menge, die ich pinkelte, war allerdings dieselbe. Im Gegensatz zur allgemeinen Auffassung pinkelt man also von Bier nicht mehr, sondern nur früher. Kleiner Unterschied.

DER GRUND? DER HOPFEN IM BIER, DER WIE TEE ODER KAFFEE UNSERE NIEREN REINIGT UND EINE HARNTREIBENDE WIRKUNG HAT.

Und schon haben Sie die perfekte Erklärung, warum Sie während eines langweiligen Dates immer wieder kurz verschwinden müssen.

WARUM VERÄNDERT HELIUM DIE STIMME?

FRAGE VON LIKII

WEIL HELIUM LEICHTER IST ALS LUFT UND SICH DER SCHALL DARIN DREI MAL SCHNELLER BEWEGT. Der Schall, den unsere Stimmbänder beim Sprechen in unserem Kehlkopf erzeugen, ist in Helium mit 970 m/s statt mit 340 m/s unterwegs. Die Frequenz ist also höher, genau wie unsere Stimme.

WELCHES IST DAS ÄLTESTE TIER DER WELT?

Frage von Charles J.

Es gibt zwei Tiere, die sich den Titel des ältesten Tieres der Welt streitig machen. Und beide sind über **400 MILLIONEN JAHRE ALT.**

Das erste kennen (und hassen) wir alle: **DIE KÜCHENSCHABE,** auch Kakerlake genannt. Ein superresistentes Insekt und entsprechend langlebig. Sie überleben einen Monat ohne Kopf, radioaktive, für Menschen tödliche Strahlung und haben sogar jene Naturkatastrophen überstanden, die die Dinosaurier ausgelöscht haben.

Das zweite ist weniger bekannt und ist ein Fisch, genauer gesagt ein **QUASTENFLOSSER,** der im Schnitt 1,5 Meter lang wird, 45 Kilo wiegt und sich in den letzten 400 Millionen Jahren kaum verändert hat. Neben ihm stecken wir noch in den Kinderschuhen. Bittere Ironie des Schicksals ist jedoch, dass er heute, nach 400 Millionen Jahren, vom Aussterben bedroht ist ...

WOZU HABEN LÖWEN EINE MÄHNE?

FRAGE VON NEETROX FUT

Der König der Tiere hat seine herrschaftliche Mähne aus zwei Gründen.
Erstens: **ZUR VERFÜHRUNG.** Aber sicher doch, eine schicke Mähne macht nämlich jede Löwin an. Abgesehen von der Ästhetik bezeugt eine lange, dunkle Mähne jedoch auch seine **GUTE KÖRPERLICHE VERFASSUNG.** Die Löwin stellt also über die Mähne sicher, einen Partner mit guten Anlagen zu wählen. Darüber hinaus schützt die Mähne auch bei Raufereien, da sie sich von den Wangen bis zu den Schultern ausbreitet. Ein sexy Schutzschild sozusagen.

WOHER KOMMT EIGENTLICH DER APRILSCHERZ?

FRAGE VON NUTXELLA WOMEN

> VERMUTLICH AUS DEM 16. JAHRHUNDERT, DA MAN DAMALS DAS NEUE JAHR AM 25. MÄRZ BEGING UND BIS ZUM ERSTEN APRIL DURCHFEIERTE.

Im Jahr 1564 verordnete der französische **KÖNIG KARL IX.** eine Kalenderreform und verlegte den offiziellen Jahresanfang auf den 1. Januar. Viele Menschen bekamen das jedoch nicht mit und feierten weiter bis zum 1. April. Schon bald begannen diejenigen, die den neuen Kalender bereits umsetzten, diese „Narren" zu veralbern und ihnen seltsame Geschenke oder Einladungen zu Festen zu schicken, die überhaupt nicht stattfanden … ziemlich plump eigentlich. Übrigens, was in germanischen Sprachen **APRILNARREN** sind, sind in romanischen Sprachen **APRILFISCHE …**

WARUM KÜSSEN WIR UNS AUF DEN MUND?

FRAGE VON LICORNE ROSE

Von allen verzeichneten Lebewesen küssen sich nur sehr wenige Arten auf den Mund.

Da **SCHIMPANSEN** es jedoch tun, liegt der Verdacht nahe, dass es sich tatsächlich um einen Instinkt handelt. Bisher ist zwar nur wenig zu diesem Thema bekannt, aber dank einiger Wissenschaftler der Universität in Oxford liegt nun eine erste Vermutung vor. Ihrer Meinung nach suchen wir uns mit einem Kuss instinktiv unsere Partner aus, indem wir über die Sensoren in unserem Mund chemische und genetische Daten auswerten.

SO GESEHEN WURDE DER LÄNGSTE, NÄMLICH 58 STUNDEN DAUERNDE KUSS DER WELT WOHL VOM ZÖGERLICHSTEN PÄRCHEN IN DER GESCHICHTE DER MENSCHHEIT AUSGEHANDELT ...

WARUM SIND GARNELEN EIGENTLICH ROSA?

FRAGE VON KEVIN L.

Wenn Sie Garnelen schon selbst geangelt haben, dürfte Ihnen aufgefallen sein, dass **LEBENDE GARNELEN GRAU SIND.**

> SIE WERDEN ERST BEIM KOCHEN ROSA, WAS AN DER ZUSAMMENSETZUNG DES PANZERS LIEGT. ER BEINHALTET DAS UNAUSSPRECHLICHE MOLEKÜL ASTAXANTHIN, DAS FÜR DIE ROTFÄRBUNG DER GARNELE VERANTWORTLICH IST.

Das Molekül wird von einem grauen Pigment umhüllt, das sich bei Hitze auflöst, beziehungsweise beim Kochen zersetzt. Das Astaxanthin wird dabei freigesetzt und verleiht der Garnele ihre schöne rosa Farbe. Ihre satte Färbung sieht man aber nur kurz, da sie danach ziemlich schnell in unseren Mägen verschwinden. Und die Moral von der Geschicht': Sieht die Garnele die Welt durch die rosarote Brille, ist Schluss mit lustig!

WARUM HÄLT MAN BEIM GÄHNEN DIE HAND VOR DEN MUND?

FRAGE VON CAMILLE P.

Heute eindeutig aus Höflichkeit, denn auch wenn ich überzeugt bin, dass Sie wunderschöne Mandeln haben, muss ich sie nicht wirklich sehen.

Im **MITTELALTER** hatte man jedoch einen ganz anderen Grund, die Hand beim Gähnen vor den Mund zu halten. Damals glaubte man, dass die Seele ansonsten den Körper verlassen oder ein Dämon in uns fahren könnte, um unsere Seele in den Tod zu treiben. Also einmal nicht aufgepasst, und schon war man hin.

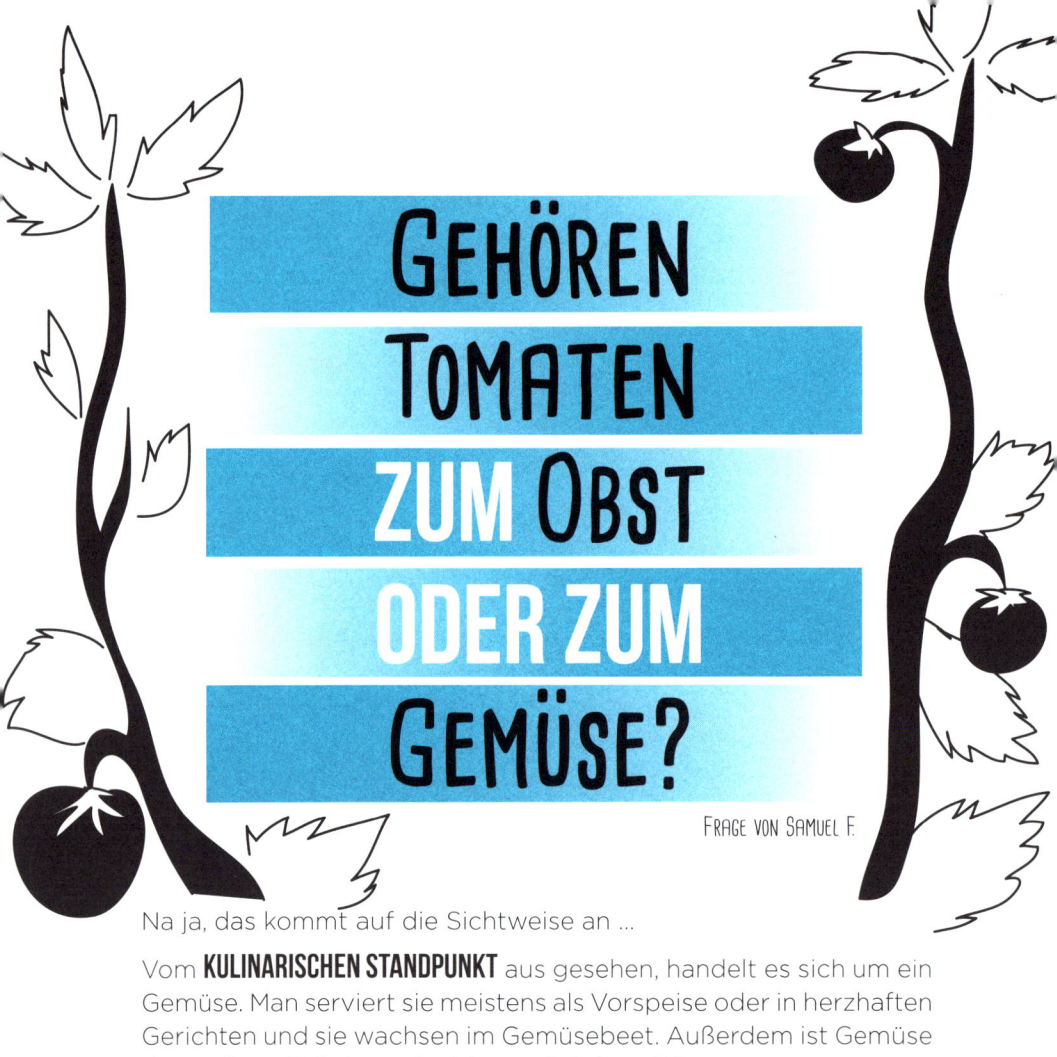

GEHÖREN TOMATEN ZUM OBST ODER ZUM GEMÜSE?

FRAGE VON SAMUEL F.

Na ja, das kommt auf die Sichtweise an ...

Vom **KULINARISCHEN STANDPUNKT** aus gesehen, handelt es sich um ein Gemüse. Man serviert sie meistens als Vorspeise oder in herzhaften Gerichten und sie wachsen im Gemüsebeet. Außerdem ist Gemüse der essbare Teil einer ein- bis zweijährigen Pflanze.

Vom **BOTANISCHEN STANDPUNKT** aus gesehen, sind Tomaten allerdings eine Frucht, da sie aus den Blüten der Pflanzen entstehen und ihre Samen enthalten.

Von meinem Standpunkt aus gesehen, sind sie einfach nur köstlich. Und ihr Stammbaum interessiert mich nicht die Bohne.

WIE VIELE Artikel GIBT ES AUF WIKIPEDIA?

Frage von Baptiste R.

ÜBER 39,5 MILLIONEN!

Die 5 Wikipedias mit den meisten Artikeln sind Englisch, Cebuano, Schwedisch, Deutsch und Französisch, wobei manche Sprachversionen zu einem großen Teil aus automatisierten Artikeln mit wenig Informationsgehalt bestehen. Im Übrigen gibt es insgesamt **295 SPRACHVERSIONEN** (bei fast 6500 existierenden Sprachen). Behauptet zumindest ein Wikipedia-Artikel über Wikipedia ...

WARUM TRIFFT Vögel, DIE AUF Hochspannungsleitungen SITZEN, NICHT DER SCHLAG?

Frage von Witaek

Die Antwort ist ganz einfach. Damit Strom fließen kann, benötigt er **KONTAKT** zu zwei elektrischen Leitern. Da Vögel jedoch normalerweise nur Kontakt zu einem Leiterseil haben, ist es für sie auf der Leitung vollkommen ungefährlich. Sind sie jedoch groß genug, um zum Beispiel mit den Flügeln eine zweite Leitung zu berühren, oder gar den Mast, träfe sie sofort der Schlag! Wie uns auch!

WARUM JUCKEN MÜCKENSTICHE SO SEHR?

FRAGE VON CLARISSE DSTS

Es gibt nichts **NERVIGERES** als das Summen einer Mücke an unserem Ohr, wenn wir am Einschlafen sind. Das machen die doch extra! Aber hallo! Was aber noch nerviger ist: Sie hindern uns nicht nur am Einschlafen, sondern stechen uns auch noch die ganze Nacht und verwandeln unsere Haut in eine juckende Kraterlandschaft!

Aber **WARUM** jucken Mückenstiche eigentlich? Es würde mich ja nicht stören, wenn sie mir klammheimlich Blut absaugen würden, solange sie keine Spuren ihrer frevlerischen Tat hinterließen. Um den Juckreiz zu verstehen, müssen wir jedoch zuerst nachvollziehen, wie uns eine Mücke sticht.

DER DURCHMESSER DES RÜSSELS EINER MÜCKE IST WINZIG, VIEL KLEINER ALS DIE NADELSPITZE EINER SPRITZE. DAS RISIKO EINER VERSTOPFUNG DURCH BLUTPLÄTTCHEN, DIE FÜR DIE BLUTGERINNUNG SORGEN, IST ALSO EXTREM HOCH. UM DEM VORZUBEUGEN, INJIZIEREN UNS MÜCKEN IHREN SPEICHEL IN DIE WUNDE, DER EINEN GERINNUNGSHEMMER ENTHÄLT. DIESE SUBSTANZ WIRD JEDOCH VOM MENSCHLICHEN KÖRPER ALS FREMDKÖRPER WAHRGENOMMEN, DER SICH DARAUFHIN ZUR WEHR SETZT.

Das Jucken ist also eine Abwehrreaktion unseres Körpers. (**ÜBRIGENS** stechen nur die Weibchen und zwar um ihre Eier mit Nährstoffen zu versorgen. Wir müssten also nur versuchen, die Weibchen von den Männchen zu unterscheiden. Auch eine Art, sich die Nacht um die Ohren zu schlagen ...)

WELCHE STRECKE LEGEN WIR IM LAUFE UNSERES LEBENS ZURÜCK?

FRAGE VON BENOIT C.

Laut Weltgesundheitsorganisation (WHO) gehen wir jeden Tag durchschnittlich etwa **7500 SCHRITTE,** was 2190 Kilometer im Jahr entspricht. Auf 80 Jahre gerechnet, legen wir also um die **170 000 KILOMETER** zurück. Was diese Zahlen jedoch bald widerlegen könnte, ist die Faulheit und fehlende Bewegung, besonders junger Menschen ...

Also, Buch zur Seite legen und spazieren gehen!

WARUM STECKEN STRAUSSE IHREN KOPF IN DEN SAND?

Frage von Julien T.

Wir alle kennen die Redewendung **„DEN KOPF IN DEN SAND STECKEN"**, um zu beschreiben, dass jemand die Augen vor der Realität verschließt oder Problemen aus den Weg gehen möchte. Sie gründet in der fixen Idee, dass Strauße ihren Kopf in den Sand stecken würden, wenn sie Angst haben. Diese Annahme ist allerdings ziemlich dämlich, weil Strauße, wenn sie Angst haben, es genauso halten, wie alle anderen auch: Sie machen sich vom Acker.

Strauße folgen, wie alle Tiere, ihrem Instinkt und Selbsterhaltungstrieb. Und da sie mit 70 km/h ziemlich schnell unterwegs ist, nehmen sie natürlich die Beine in die Hand. Wobei, mit den Beinen in der Hand sind sie wahrscheinlich auch nicht schneller als mit dem Kopf im Sand ...

Okay, zurück zum Thema, beziehungsweise zum Vogel. Es stimmt zwar, dass Strauße ihre Köpfe **AUF DEN SAND** legen, aber nur, weil sie ihre Eier im Sand ablegen. Wenn Gefahr von Räubern droht, die ihre Eier fressen wollen, legen brütende Strauße ihren Kopf und ihren Hals flach auf den Boden, um sich unsichtbar zu machen. Manchmal stecken sie ihren Kopf aber tatsächlich in den Sand oder, besser gesagt, in Löcher. Strauße sind nämlich neugierig und schauen gerne mal etwas genauer nach!

Eine andere Erklärung wäre, dass grasende Strauße bei flirrender Hitze aus der Entfernung tatsächlich so aussehen, als würde ihr Kopf im Sand stecken.

WARUM MUSS MAN VON PFEFFER NIESEN?

FRAGE VON TAIEB B.

Stimmt, warum eigentlich? Na, wegen seines Schärfestoffs **PIPERIN,** den wir auch aus Paprika- und Chilischoten kennen. Dort heißt er allerdings Capsaicin. Es verursacht dieses höllische Gefühl im Mund, wenn wir die Früchte der Pfeffer- oder Paprikapflanze essen. Sobald wir diese Substanzen riechen, warnen uns unsere Sinne vor ihren irritierenden Eigenschaften – und lösen einen Niesreflex aus. GESUNDHEIT!

HATSCHI!

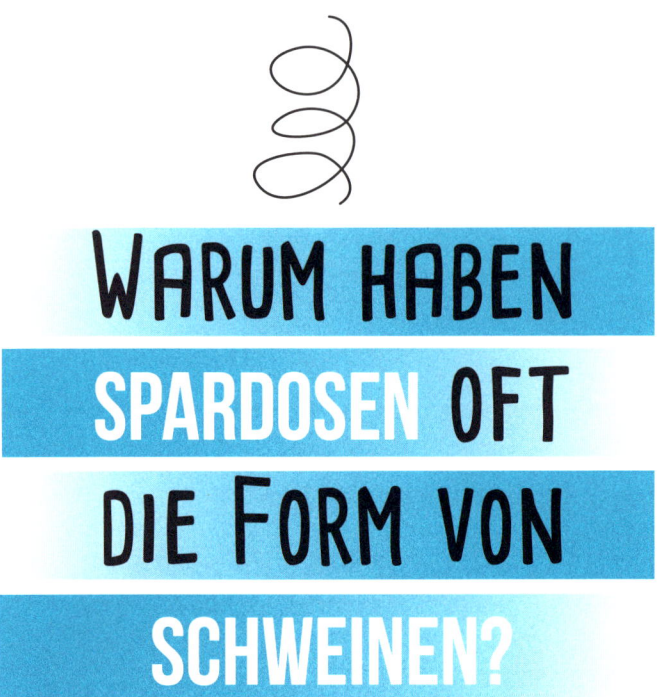

WARUM HABEN SPARDOSEN OFT DIE FORM VON SCHWEINEN?

Frage von Flamouyete

Sparschweine gibt es schon seit dem MITTELALTER. Damals spielten Schweine in der bäuerlichen Gesellschaft eine große Rolle, da sie nützlich und ein Glücksfall für jede Familie waren. Es lag also nicht fern, der Spardose die Form eines Schweins zu geben. Sie erfüllten aber auch einen pädagogischen Zweck, denn wie ein echtes Schwein mit Futter, so wird ein Sparschwein mit Münzen gefüttert und darf erst geschlachtet werden, wenn die Zeit reif ist. Eine andere Geschichte für das Sparschwein ist aus dem mittelalterlichen England überliefert. Damals sammelte man sein Geld in Lehmtöpfen, den sogenannten „pygg jars" („pygg" war die Bezeichnung des Lehms), aus denen später die typischen Schweinchen wurden und die man regelmäßig schlachtete, um an die Ersparnisse zu kommen.

BEI WELCHER TEMPERATUR GEFRIERT ALKOHOL? FRAGE VON ZOÉ L.

Dass Wasserflaschen im **GEFRIERSCHRANK** gefrieren und Wodkaflaschen nicht, liegt daran, dass Ethylalkohol (der Alkohol, den man für alkoholische Getränke verwendet) erst bei -114,5 °C gefriert. Dagegen sind die -18 °C in unserem Gefrierschrank ein Witz!

WARUM SIND WOLKEN HELL ODER DUNKEL? FRAGE VON SABRI L.

Ganz einfach, das hängt davon ab, wie **DICK** sie sind. Und je dicker, desto dunkler. Dass dunkle Wolken bedrohlicher wirken als helle Wolken, liegt übrigens daran, dass sie mehr Wasser enthalten und entsprechend weniger Licht durchlassen.

WARUM SCHÜTTELN WIR UNS DIE HÄNDE? FRAGE VON MACKOVISCH

Dieser harmlose, freundliche Brauch, um sich „guten Tag" und „auf Wiedersehen" zu sagen, stammt noch aus dem **MITTELALTER.** Damals reichte eine Person der anderen die Hand, um zu signalisieren, dass sie keine Waffen bei sich trug und somit keine kriegerischen Absichten verfolgte.

107

WARUM LAUFEN STARS ÜBER EINEN ROTEN TEPPICH?

Frage von Alexandre B.

Der rote Teppich, der heutzutage für Stars und Sternchen ausgerollt wird, stammt ursprünglich aus dem **ALTEN GRIECHENLAND.**

Die Farbe Rot symbolisierte Macht und Reichtum, da man für ihre Herstellung enorme Mengen an Purpurschnecken benötigte. Die kleinen Meeresbewohner waren jedoch besonders schwer zu fangen, sodass sich nur höhergestellte Persönlichkeiten den Luxus eines roten Teppichs oder roter Kleidung leisten konnten. Auf diese Weise stellte man in der Öffentlichkeit seine Größe und Überlegenheit zur Schau oder ehrte jemanden, indem man ihm oder ihr den roten Teppich ausrollte.

Die Gepflogenheit ist uns erhalten geblieben, auch wenn sich die Farbe heute recht leicht herstellen lässt und man längst nicht mehr allen, die über den roten Teppich huschen, ihre Größe und Überlegenheit abnehmen möchte.

WARUM WURDEN TWITTER-NACHRICHTEN AUF 140 ZEICHEN BEGRENZT?

FRAGE VON SONIA D.

Das hat mit den **SMS** zu tun, die Anfang der 1990er-Jahre auf 160 Zeichen begrenzt waren, eine Zahl, die man als ausreichend für eine Konversation erachtete. Rechnet man zu den 140 Zeichen die maximal 20 Zeichen hinzu, die im Schnitt den Namen des Users ausmachen, kommt man auf die berühmten 160 Zeichen von damals. Seit 2017 sind jedoch 280 Zeichen erlaubt.

WARUM SIND BULLAUGEN RUND?

FRAGE VON RÉMI G.

Weil eine runde Form viel geeigneter ist, starken Druckbelastungen bei Seeschlag standzuhalten. Ohne Ecken und Kanten kann das Material seine maximale Widerstandskraft entfalten, da der Druck gleichmäßig verteilt wird.

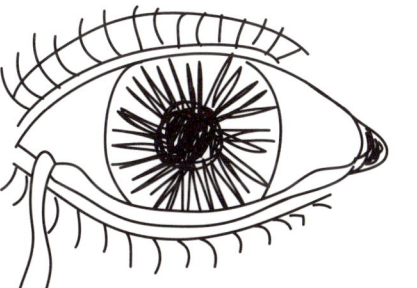

WARUM SIND UNSERE TRÄNEN SALZIG?

FRAGE VON NOXAEL

Tränen werden in den **TRÄNENDRÜSEN** hinter den Augen gebildet. Sie sorgen dafür, dass wir weinen können und befeuchten unsere Augen, wenn wir blinzeln. Bei der Produktion der Tränenflüssigkeit werden zahlreiche Salze und Mineralien aus dem Körper absorbiert, sodass sie salzig sind, wenn wir sie vergießen. Auf einen Liter kommen ganze 7 g Salz!

WARUM IST DER MAUSZEIGER EIGENTLICH IMMER SCHRÄG?

FRAGE VON DiabloxD6

Das klingt jetzt vielleicht komisch, aber der Mauszeiger war nicht immer schräg. In den 1970er- und 1980er-Jahren zeigte der Cursor noch senkrecht nach oben. Entwickelt hatte ihn ein Amerikaner, **DOUGLAS ENGELBART.**

Das Problem mit dem Zeiger war, dass die Bildschirme der ersten Firmen, die ihn verwendeten, damals noch eine schlechtere Auflösung hatten, sodass der gerade Mauszeiger zwischen den Buchstaben und Zahlen verschwand, was, wie wohl jeder einsehen dürfte, reichlich unpraktisch war.

Statt ihn jedoch zu vergrößern, entschied Engelbart, den Zeiger schräg zu stellen, damit er sich besser auf dem Bildschirm abhob.

WER HAT DIE SEIFE ERFUNDEN?

FRAGE VON MIR SELBST!

Ich wiederhole es ja immer wieder gerne: Ich bin ein sauberes Kerlchen. Und dass ich das so oft wiederhole, liegt daran, dass ich manchmal Kommentare bekomme, die da lauten, dass meine Wohnung nicht sehr sauber sei, ich nicht aufräumen würde und es wohl ziemlich staubig bei mir zugehen müsse. Erstens stimmt das nicht, zweitens muss ich alles alleine aufräumen und drittens: OK, manchmal bin ich etwas faul ... Aber was meine Körperhygiene angeht, da kann ich mir nun wirklich nichts vorwerfen! Ich wasche mir mehrmals am Tag die Hände, dusche jeden Tag, und zwar ohne Ausnahme, und putze mir drei Mal täglich minutenlang die Zähne. Ich habe sogar folgende unnütze Frage beantwortet:
„Wie lange hält eine Seife?" Ich habe dafür einen ganzen Nachmittag meine Hände gewaschen, und ich kann euch sagen, sie haben noch nie so schön geglänzt!

Aber zurück zur Frage. Seife ist eine sehr, sehr alte Erfindung. Die **ERSTE SEIFENREZEPTUR** stammt von den **SUMERERN** und ist 4500 Jahre alt. Es handelte sich zunächst um eine seifige Paste aus Pflanzenasche und Ölen, die über die Jahrhunderte weiterentwickelt wurde, bis die Römer im 2. Jahrhundert nach Christus ihre reinigende Wirkung erkannten und sich mit Seife zu waschen begannen. IM 9. JAHRHUNDERT LIESSEN SICH DANN EINIGE SEIFENSIEDER IN DER NÄHE VON MARSEILLE NIEDER UND DIE BERÜHMTE MARSEILLER SEIFE, MEINE LIEBLINGSSEIFE, TRAT IHREN SIEGESZUG AN.

Warum sieht man eigentlich nie Babytauben?

Beim Anblick kleiner Babytiere geht uns Menschen ja immer das Herz auf, ganz egal ob Welpe, Katzenjunges, Lämmchen, Entenküken oder Ferkel.

Unmöglich, ihren großen Augen und tapsigen Schritten zu widerstehen und ein **„OOOOH, ICH WILL AUCH EINS!"** zu unterdrücken. Sie können sich also meinen Frust vorstellen, als ich loszog, um die Babys meines Quasi-Haustieres zu suchen – quasi, weil ich ihnen jeden Tag begegne, sie mir überall hin folgen, manchmal von mir gefüttert werden, aber vor allen Dingen ständig zwischen meinen Füßen herumwuseln. Also Quasi-Haustiere, irgendwie ... Ich habe Himmel und Erde in Bewegung gesetzt (tut mir leid wegen der Tomatenbeete, Mama) und trotzdem keine gefunden. Ein kleiner Trost ist mir jedoch, dass es vielen so ergeht.

Also: Warum sieht man eigentlich nie Babytauben?

GIBT ES BABYTAUBEN ÜBERHAUPT?

Ich habe zwar einige Bilder von Babytauben im Internet gefunden, konnte es jedoch kaum glauben und schrie so lange vor meinem Rechner „PHOTOSHOP", bis mein Nachbar aus der Wohnung nebenan „ES IST 23 UHR, ICH WILL SCHLAFEN" zurückschrie. Angesichts dieser Aggressivität ließ ich meine Recherche fürs Erste auf sich beruhen, war jedoch überzeugt, die Büchse der Pandora geöffnet zu haben.

> DANN FIEL MIR WIEDER EIN, DASS MAN SICH SCHON IM MITTELALTER HAUSTAUBEN HIELT, WEGEN IHRES FLEISCHES UND IHRER TREUEN KURIERDIENSTE (SIE SIND DIE QUASI-VORFAHREN VON TWITTER ...). WENN SIE ALSO BEREITS IN EINER LÄNGST VERGANGENEN EPOCHE EXISTIERTEN, ALS ES NOCH KEINE BILDBEARBEITUNG GAB, DANN SOLLTE MIR DAS ALS BEWEIS FÜR IHRE FLEISCHLICHE EXISTENZ GENÜGEN.

Ich ließ also wieder von meinen Wahnvorstellungen und Verschwörungstheorien ab und beschloss, erneut an Babytauben zu glauben.

Ich lud meinen Nachbarn zum Abendessen ein, um mich für die letzte Nacht zu entschuldigen. Und wurde erleuchtet. Ich berichtete von meiner Sinnsuche und meiner Verzweiflung, da ich der Wahrheit vermutlich niemals auf die Schliche kommen würde. Er erzählte mir daraufhin von seinen Bedenken um meinen Geisteszustand und von seiner Internetseite über Stadttauben, woraufhin ich meine Bedenken um seinen Geisteszustand äußerte.

Danach hörte ich ihm zu. Dass man nie Babytauben sieht, hat nämlich einen **EINFACHEN GRUND.** Sie können erst fliegen (und entsprechend von uns wahrgenommen werden), wenn sie genug Federn haben und quasi wie ausgewachsene Tauben aussehen. Das ist aber erst nach 35 Tagen der Fall und bis dahin verbringen kleine Babytauben ihre Zeit gut geschützt vor fremden Blicken und friedlich gurrend in ihrem Nest.

ZUR INFO: TAUBEN WACHSEN SUPER SCHNELL. WENN WIR ALSO PUBERTIERENDEN TAUBEN BEGEGNEN, MERKEN WIR ES NICHT EINMAL.

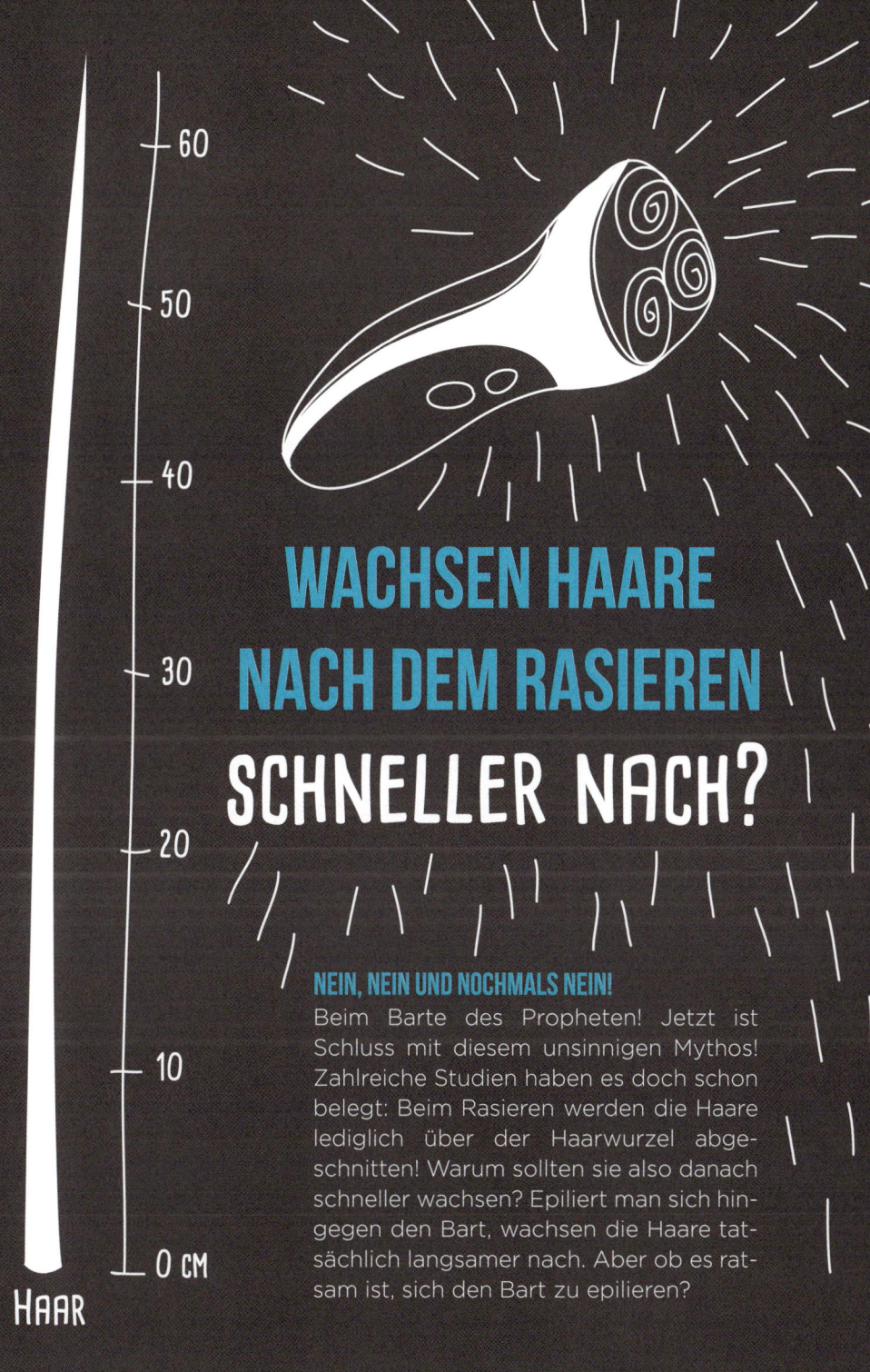

60

50

40

30

20

10

0 CM

HAAR

WACHSEN HAARE
NACH DEM RASIEREN
SCHNELLER NACH?

NEIN, NEIN UND NOCHMALS NEIN!

Beim Barte des Propheten! Jetzt ist Schluss mit diesem unsinnigen Mythos! Zahlreiche Studien haben es doch schon belegt: Beim Rasieren werden die Haare lediglich über der Haarwurzel abgeschnitten! Warum sollten sie also danach schneller wachsen? Epiliert man sich hingegen den Bart, wachsen die Haare tatsächlich langsamer nach. Aber ob es ratsam ist, sich den Bart zu epilieren?

WARUM WIRD UNS SCHWINDELIG?

FRAGE VON CORENTIN P.

Manche Menschen leiden unter Höhenangst, andere nicht. Und wer Höhenangst hat, dem wird schwindelig. Verantwortlich hierfür ist unser Gleichgewichtssinn, der über die Gleichgewichtsorgane in den **INNENOHREN** gesteuert wird. Unsere Ohren sind nämlich nicht nur zum Hören da, sie bestehen auch aus drei winzigen, mit Flüssigkeit gefüllten Gängen, zu denen Sinneshärchen gehören, die **SIGNALE AN UNSER GEHIRN SCHICKEN, DAMIT UNS NICHT SCHWINDELIG WIRD.** Wenn wir nun an einem Abgrund stehen, sprich von Klippen, Felsen oder sogar Treppenabsätzen in die Tiefe blicken, erreichen unterschiedliche Signale unser Gehirn. Unsere Augen sagen uns, dass wir vor einem Abgrund stehen und unsere Ohren, dass alles okay ist. Die Konsequenz: Unser Gehirn weiß nicht mehr, wo ihm der Kopf steht, ihm wird schwindelig, und uns auch.

WELCHES LAND HATTE ALS ERSTES EINE POLIZEI?

FRAGE VON CORENTIN P.

FRANKREICH! Im Jahr 1667 entschied Ludwig XIV., dass Paris immer gefährlicher wurde und führte mit Gabriel Nicolas de la Reynie als ersten Generalleutnant der Stadt Paris ein Modell zur Wahrung der öffentlichen Sicherheit und Ordnung ein, an das sich bis zur französischen Revolution 1789 auch allen anderen Städte im Land hielten. Die moderne Polizei, wie wir sie heute kennen, formierte sich erst danach und wurde fortan vom Staat und nicht vom König befehligt.

WARUM SIND
FLAMINGOS ROSA?

FRAGE VON AleexSRU

Eigentlich sind Flamingos bei ihrer Geburt ... **GRAU.** Mit der Zeit werden sie jedoch heller und bekommen durch entsprechende Nahrung ihre charakteristische Färbung. Dafür sorgen die Moleküle bestimmter Fotosynthesepigmente, die ausschließlich von Pflanzen synthetisiert werden. Und da Rosaflamingos sich vor allem von Algen, aber auch von Krebsen, Insekten, Larven etc. ernähren, die dieselben Algen aufnehmen, lagern sich die Pigmente in den Federn der Vögel ab und färben sie rosa oder pink.

WIE VERWANDELT
SICH MAIS IN
POPCORN?

FRAGE VON JONATHAN S.

Oder, anders formuliert: Wie wird aus einem einfachen Maiskörnchen eine salzige oder süße Köstlichkeit? Maiskörner bestehen aus **STÄRKE,** in die Wasser gebunden ist. Unter Hitzeeinwirkung verwandelt sich das Wasser in Dampf und die Schichten, aus denen die Stärke besteht, quellen auf. Wird der Druck des Dampfes zu stark, platzt die Hülle des Maiskorns auf – und **PLOPP,** verwandelt sich der Mais und explodiert spektakulär zu Popcorn!

WAS HILFT GEGEN DIE SCHÄRFE VON CHILI?

FRAGE VON RIN FUKUDA

Ja, ja, wer hat sich nicht schon zum Affen gemacht, als er wider besseren Wissens ein viel zu scharfes Gericht verspeist hat? Ich weiß, wovon ich rede, schließlich durfte ich, um diese Frage zu beantworten, gleich mehrmals vom Höllenfeuer kosten. Hier nun meine Liste der Gegenmittel, von sehr effizient bis zu völlig ineffizient:

— **BROT:** Der Schmerz verschwindet fast sofort, ebenso die Schärfe und das Brennen.

— **MILCH:** Die Schärfe und das Brennen verschwinden fast sofort.

— **ZUCKERWÜRFEL:** Funktionieren ganz gut, brauchen aber zu lange, um sich aufzulösen.

— **EIS:** Wirkt gut gegen die Schärfe, aber das Brennen prickelt nach.

— **WASSER:** Eher nutzlos, beziehungsweise verschlimmert die Situation und ist damit so schlecht wie sein Ruf.

— **ALKOHOL:** ABSOLUT NICHT ZU EMPFEHLEN!!! (es sei denn, Sie brauchen Ihre Zunge nicht mehr ...).

BROT UND MILCH SIND FOLGLICH DIE BESTEN VERBÜNDETEN. DASS CHILI DIESES SCHLIMME BRENNEN AUSLÖST, LIEGT AM SCHÄRFESTOFF CAPSAICIN, EINER SUBSTANZ, DIE AUF DAS HITZEEMPFINDEN UNSERER HAUT EINWIRKT. CAPSAICIN IST LIPOPHIL (FETTLÖSLICH) UND HYDROPHOB (NICHT WASSERLÖSLICH).

UM DIE SCHÄRFE EINER CHILISCHOTE ZU MESSEN, GIBT ES DIE SOGENANNTE SCOVILLE-SKALA. UM SIE ZU ERSTELLEN, HAT WILBUR L. SCOVILLE EINFACH GEZÄHLT, WIE OFT MAN DEN SCHÄRFESTOFF IN WASSER VERDÜNNEN MUSS, UM DIE SCHÄRFE NICHT MEHR ZU SCHMECKEN. DIE SCHOTE, DIE ICH MIR AUSGESUCHT HABE, PENDELT ZWISCHEN 50000 UND 100000 EINHEITEN. DIE SCHÄRFSTE CHILISCHOTE DER WELT (SEIT 2013 DIE CALIFORNIA REAPER) ERREICHT ÜBRIGENS BIS ZU 220000 EINHEITEN UND 2017 ENTSTAND (EHER DURCH ZUFALL) EINE KREUZUNG NAMENS DRAGONBREATH, DIE MIT BIS ZU 2,4 MILLIONEN EINHEITEN SOGAR TÖDLICH SEIN KANN!

WARUM FÄRBEN SICH IM HERBST DIE BLÄTTER GELB?

FRAGE VON CHARLOCOMES127

Das liegt am **FEHLENDEN CHLOROPHYLL** (das die Blätter grün färbt). Im Herbst, wenn die Tage kürzer werden, findet weniger Fotosynthese statt, die die Blätter „nährt". Das Chlorophyll wird in die Wurzeln umgeleitet und andere Pigmente wie Karotin setzen sich durch, die die Blätter gelb und rot färben.

WARUM

STOSSEN

WIR AN?

Frage von FroyZix

Angestoßen wird immer. Zu zweit geht das ja noch, aber zu zwanzigst müsste man gut und gerne drei Stunden anstoßen, bevor man zum Trinken kommt. Vor allem, weil wir alle diesen einen Kumpel haben, der beim Anstoßen keinen Spaß versteht und darauf besteht, dass ALLE ANSTOSSEN, ausnahmslos und IMMER MIT BLICK IN DIE AUGEN! Gut, schlechten Sex will keiner, aber warum stoßen wir wirklich an?
Heutzutage stößt man aus reiner Geselligkeit an, doch früher war diese Praxis geradezu überlebenswichtig!

Im **MITTELALTER** konnte es nämlich schnell passieren, dass jemand, aus welchen Gründen auch immer, Gift in jemandes Glas kippte, um die Person loszuwerden. Problem gelöst. Als es irgendwann alle satt hatten, bei jedem Essen Gefahr zu laufen, den Löffel abzugeben, kam man auf die Idee, die Gläser kräftig gegeneinanderzustoßen, damit ein wenig von der eigenen Flüssigkeit ins Nachbarglas schwappte. War tatsächlich Gift im Glas, starben wenigstens beide. Heute würden die Gläser ja direkt zerspringen, aber wir vergiften uns heutzutage natürlich auch viel seltener gegenseitig beim Essen ...

WIE VIELE DIMPLES HAT EIN GOLFBALL?

FRAGE VON TURDIMO

432!
Meiner zumindest, da je nach Hersteller die Zahl von 300 bis 450 variiert.

Und da ich alles liebe, was mit Zahlen zu tun hat, wie Sie ja wissen, darf ich an dieser Stelle hinzufügen, dass alle Bälle eine **GERADE ANZAHL** an Dimples haben. Und das hat seinen Grund!

Die Zahl der Dimples ergibt sich aus hochtechnischen mathematischen Berechnungen unter Einbeziehung physikalischer Gesetze. Dimples ermöglichen dem Ball, länger in der Luft zu bleiben und weiter zu fliegen. Sie sind also der Traum eines jeden Golfers (der etwas auf sich hält). Da schnappe ich mir mal meine Schläger und gehe ein paar Bälle schlagen! Oder versuche es, schließlich bin ich eine Niete in Sport, falls ich das noch nicht erwähnt habe.

WO LIEGT DER HEISSESTE ORT DER WELT?

FRAGE VON THOMAS V.

Rekordhalter ist seit 1913 der Ort **FURNACE CREEK,** eine Wüste im Tal des Todes in Kalifornien, die im Juli regelmäßig an der 50-Grad-Marke kratzt. Am 10. Juli 1913 wurden sogar 56,7 °C gemessen. Der kälteste Ort hingegen ist die Antarktis-Station Wostok, wo am 23. Juli 1983 minus 89,2 °C gemessen wurden.

Wie viele Tropfen fasst 1 Liter Wasser?

FRAGE VON LAU

Diese ultimative Geduldsfrage gehört zu meinen Top 3 der unnützen Fragen, die ich bisher beantworten musste und jeden einzelnen Tropfen aus einer Literflasche zu zählen, ist nun wirklich dämlich hoch 3. Andererseits wurde mir diese Frage schon öfter gestellt und verdient daher eine Antwort. Natürlich habe ich als Signifikanzwert einen Liter gewählt und nicht ein olympisches Becken, da ich diese Frage sonst an alle meine Nachkommen weitervererben müsste. Aber selbst in einer kleinen Einheit wie einem Liter verstecken sich viele Tropfen, und zwar viel zu viele ...

DER STETE TROPFEN ...

Jeder, der sich ein bisschen in Chemie oder in Medizin auskennt, weiß, dass ein Standardtropfen 0,05 ml entspricht. In der Theorie zumindest. Aber um wirklich sicher zu sein, muss man das prüfen!

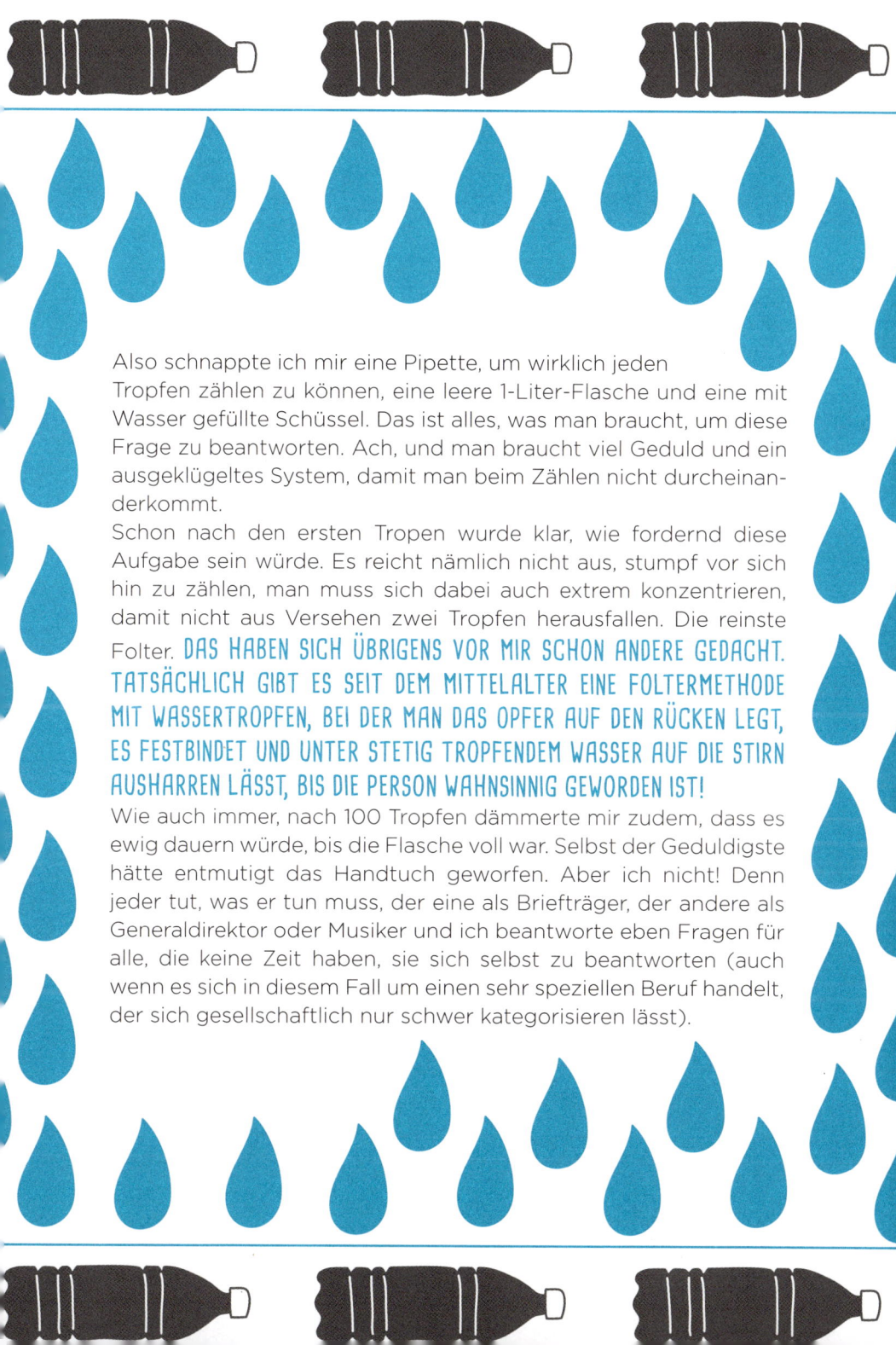

Also schnappte ich mir eine Pipette, um wirklich jeden Tropfen zählen zu können, eine leere 1-Liter-Flasche und eine mit Wasser gefüllte Schüssel. Das ist alles, was man braucht, um diese Frage zu beantworten. Ach, und man braucht viel Geduld und ein ausgeklügeltes System, damit man beim Zählen nicht durcheinanderkommt.

Schon nach den ersten Tropen wurde klar, wie fordernd diese Aufgabe sein würde. Es reicht nämlich nicht aus, stumpf vor sich hin zu zählen, man muss sich dabei auch extrem konzentrieren, damit nicht aus Versehen zwei Tropfen herausfallen. Die reinste Folter. DAS HABEN SICH ÜBRIGENS VOR MIR SCHON ANDERE GEDACHT. TATSÄCHLICH GIBT ES SEIT DEM MITTELALTER EINE FOLTERMETHODE MIT WASSERTROPFEN, BEI DER MAN DAS OPFER AUF DEN RÜCKEN LEGT, ES FESTBINDET UND UNTER STETIG TROPFENDEM WASSER AUF DIE STIRN AUSHARREN LÄSST, BIS DIE PERSON WAHNSINNIG GEWORDEN IST!

Wie auch immer, nach 100 Tropfen dämmerte mir zudem, dass es ewig dauern würde, bis die Flasche voll war. Selbst der Geduldigste hätte entmutigt das Handtuch geworfen. Aber ich nicht! Denn jeder tut, was er tun muss, der eine als Briefträger, der andere als Generaldirektor oder Musiker und ich beantworte eben Fragen für alle, die keine Zeit haben, sie sich selbst zu beantworten (auch wenn es sich in diesem Fall um einen sehr speziellen Beruf handelt, der sich gesellschaftlich nur schwer kategorisieren lässt).

DIE GEBURT EINES TROPFENS

Mein Beruf mag vielleicht speziell sein, aber er ist noch viel mehr.

ICH RECHERCHIERE NÄMLICH JEDE UNNÜTZE FRAGE ERST IM INTERNET, UM DAS THEMA EINZUKREISEN, UND FINDE SO INTERESSANTE DINGE HERAUS, ZUM BEISPIEL WIE SICH TROPFEN ÜBERHAUPT BILDEN. DAZU MUSS MAN WISSEN, DASS SICH MOLEKÜLE GERNE UNTER IHRESGLEICHEN AUFHALTEN, SPRICH: WASSERMOLEKÜLE UMGEBEN SICH GERNE MIT ANDEREN WASSERMOLEKÜLEN. MAN KÖNNTE SOGAR SAGEN, DASS ES BEI IHNEN SONST NICHT RUND LÄUFT, UND DAS STIMMT AUCH! DENN NUR SO ERREICHEN SIE EINEN ENERGETISCH STABILEN ZUSTAND. DAS EIN ODER ANDERE MOLEKÜL, DAS MIT DER LUFT IN BERÜHRUNG KOMMT, MÜSSEN SIE ZWAR OPFERN, ABER NATÜRLICH WOLLEN SIE DIE ZAHL MÖGLICHST GERING HALTEN UND NEHMEN DAFÜR AUTOMATISCH EINE RUNDE FORM AN, DA KUGELN DIE KLEINSTE OBERFLÄCHE AUFWEISEN. MAN KÖNNTE AUCH GANZ HOCHTRABEND VON SO ETWAS WIE OBERFLÄCHENSPANNUNG SPRECHEN ... DIE VOLLKOMMENE KUGEL GIBT ES ALLERDINGS NUR IM WELTALL. AUF DER ERDE SORGT DIE SCHWERKRAFT DAFÜR, DASS SICH KUGELN ZU TROPFEN VERZIEHEN.

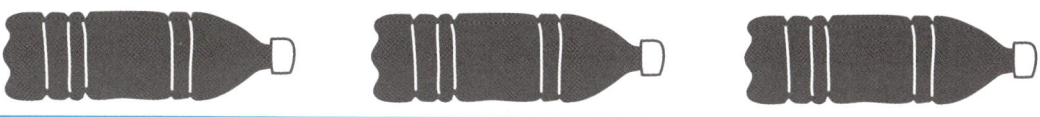

Für diejenigen, die sich immer noch für die Antwort interessieren ... Ich habe 5 Stunden und 48 Minuten gebraucht, um einen Liter Tropfen für Tropfen abzuzählen.

UND 1 LITER BESTEHT AUS ... (TROMMELWIRBEL) ... 20232 TROPFEN!

WAS WIEDERUM BEDEUTET, DASS EIN TROPFEN AUS 0,049 ML WASSER BESTEHT UND AUF 0,5 ML GERUNDET GENAU DEM WERT ENTSPRICHT, DEN WIR IN DER THEORIE LERNEN!

Und die Moral von der Geschicht': Glaubt nicht immer alles, was man euch erzählt, manchmal aber schon ... Denn wer nach 5 Stunden und 48 Minuten auf dieselbe Antwort kommt wie Wikipedia, der hat wirklich nicht mehr alle Tröpfchen in der Tasse!

WIE VIELE SEKUNDEN HAT EIN JAHR?

FRAGE VON PREDATOUF

SPRICH:
60 × 60 × 24 × 365 = 31 536 000!

Und los ...
1 Minute hat 60 Sekunden, 1 Stunde 60 Minuten, 1 Tag 24 Stunden und 1 Jahr 365 Tage, Schaltjahre nicht eingerechnet.

WOHER KOMMT DIE TRADITION DER LIEBES-SCHLÖSSER?

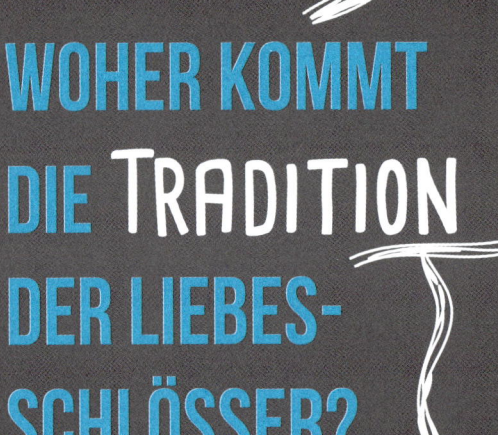

FRAGE VON BASTOSBRIOCHE

AHHH, PARIS! Ihre Sehenswürdigkeiten, Restaurants, Tauben (oh ja, die Tauben von Paris sind sehr berühmt) ... und vor allem ihre Liebesschlösser. Paris zählt zu den romantischsten Städten der Welt. Sollte ich jemals heiraten, dann zu Füßen des Eifelturms oder auf dem Pont des Arts, der Brücke der Liebenden. Angesichts der vielen Paare, die täglich über diese Brücke und an diesen Liebesschlössern vorbeischlendern, kommt der Name auch nicht von ungefähr, das können Sie mir glauben. Aber woher stammt die Tradition, sich seine Liebe ausgerechnet mit einem Vorhängeschloss zu bekunden?

Hierzu gibt es verschiedene Theorien. In **OSTEUROPA** zum Beispiel wurden die ersten Vorhängeschlösser in den 2000er-Jahren gesichtet und in ROM beschrieb 1992 der Schriftsteller Federico Moccia in seinem erfolgreichen und im selben Jahr verfilmten Roman *„Drei Meter über dem Himmel"* die damalige Mode, Schlösser an der Milvischen Brücke anzubringen. Eine Tradition, die im Anschluss überall auf der Welt und besonders in den großen europäischen Städten kopiert wurde.

Mit dieser Geste versichern sich Liebende in aller Welt, dass ihre Liebe Bestand haben und die Zeit überdauern wird. Wobei natürlich manchmal nur das Schloss überdauert ...

WARUM BESTEHT EIN KARTENSPIEL AUS 52 KARTEN?

FRAGE VON MORTALBROTHERS

Kartenspiele mit 52 Karten basieren auf dem ägyptischen Mondkalender. Die **52 KARTEN** stehen für die **52 WOCHEN** des Jahres und jede Farbe hat 13 Karten, was den 13 Monden in einem Kalenderjahr entspricht. Die 4 Farben wiederum stehen für die 4 Elemente, die den 4 Wochen eines jeden Monats zugeordnet sind. Ein Kartenspiel ist also ein bisschen wie ein Kalender.

WARUM WERDEN EDELSTEINE IN KARAT GEMESSEN?

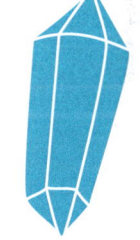

FRAGE VON VINOXIL

Falls Sie es noch nicht wussten, Karat ist eine **MASSEINHEIT.** Aber wo kommt diese Einheit her?

Karat ist ein Lehnwort aus dem altgriechischen „kerátion" (Hörnchen), da die Frucht des Johannisbrotbaums hörnchenförmig ist und die Samen darin alle exakt gleich groß und schwer sind (die Natur steckt wirklich voller Wunder!). Angeblich wogen Edelsteinhändler früher ihre wertvolle Ware mit diesen Samen ab und das Wort selbst ist uns bis heute erhalten geblieben.

EIN KARAT ENTSPRICHT HEUTE ÜBRIGENS GENAU 0,2 GRAMM.

WARUM HEISSEN DIE TONSILBEN DO RE MI FA SOL LA SI?

Frage von Pazza432

Tonsilben wurden von einem italienischen Mönch namens Guido d'Arezzo erfunden, der sie aber nicht nur den Tonstufen zuordnete, sondern auch bezeichnete und zwar in Anlehnung an die **ERSTEN SILBEN** der ersten sieben Verse des lateinischen *Johannes-Hymnus* von Paulus Diaconus.

> *Ut queant laxis*
> *resonare fibris*
> *mira gestorum*
> *famuli tuorum*
> *solve polluti*
> *labii reatum*
> *Sancte Iohannes (damals wurde das*
> *„j" noch wie ein „i" geschrieben)*

DAS „UT" WURDE ABER MIT DER ZEIT DURCH EIN „DO" ERSETZT.

WARUM BLINZELN WIR EIGENTLICH?

FRAGE VON CreepyVenger

Weil es sich um einen Reflex handelt, mit dem wir die Hornhaut befeuchten, den gewölbten vorderen Teil der Außenhaut unseres Auges. Blinzeln verhindert quasi deren Austrocknen und wir blinzeln, ohne es zu merken, um die **20 MAL IN DER MINUTE.**
ALSO ETWA 1200 MAL IN DER STUNDE UND 150 000 MAL AM TAG!

WIE VIEL GOLD GIBT ES AUF DER WELT?

FRAGE VON BRICE L.

Das Gesamtgewicht der weltweiten Goldmasse beläuft sich auf beeindruckende 171 300 TONNEN! Das muss man sich mal vorstellen! Das entspräche in etwa dem Gewicht von zwei oder drei Flugzeugträgern, würde allerdings deutlich weniger Raum einnehmen, da Gold ein sehr schweres Metall ist (schwerer als Blei).
TATSÄCHLICH WÜRDE ALLES GOLD DER WELT IN EINEN WÜRFEL VON NUR 20 x 20 METERN PASSEN. KLINGT DIREKT WENIGER BEEINDRUCKEND ...

WIE VIELE MENSCHEN WURDEN JEMALS GEBOREN?

FRAGE VON DanaPro

LAUT DEMOGRAFISCHEN ERHEBUNGEN UM DIE 110 MILLIARDEN!

WELCHES TIER HAT DAS GRÖSSTE GESCHLECHTSORGAN?

FRAGE VON KEVIN D.

Rollen wir das Feld erst einmal von hinten auf. Zunächst sei darauf hingewiesen, dass der Gorilla, im Verhältnis zu seiner Körpergröße, den kleinsten Penis im Primatenreich hat. Er ist nur 5 cm groß! Bei den Säugertieren hat er allerdings nicht den Kleinsten. **DAS KLEINSTE GESCHLECHT, EGAL WELCHER GRÖSSE, IST DAS DER ETRUSKERSPITZMAUS. IHR PENIS IST NUR 5 MM GROSS – BEI EINEM 2 CM GROSSEN TIER.** Im Vergleich zu einem erwachsenen Mann, entspräche das einem 4,25 cm langen Penis.

Auf der anderen Seite ist der Blauwal mit 2,5 Metern Spitzenreiter! Im Verhältnis zu seiner Größe allerdings, ist er nicht derjenige mit dem größten.

DER GROSSE CHAMPION IST DER ELEFANT MIT 2 METERN. Im Vergleich dazu, hätte ein erwachsener Mann bei Beibehaltung dieser Relation einen Penis von durchschnittlich 26 cm, was, hört auf zu lügen, meine Herren, nicht der Fall ist!

Diese Rangliste gilt nur für Säugetiere; wenn man die Vögel miteinbezöge, wäre der Gewinner bei weitem die Ente gewesen, die im Vergleich zu ihrer Größe ein doppelt so großes Geschlechtsorgan besitzt!

WARUM IST DIE FREQUENZ DES RADIOSENDERS NICHT ÜBERALL IM LAND DIE GLEICHE?

Frage von Telony

Wir alle haben diesen Moment schon erlebt. Wir sind unterwegs, tolle Musik läuft im Radio. Du erwischst dich beim Mitsummen, als plötzlich, **PENG!**
Das Radio empfängt nichts und doch befindet sich das Auto inmitten einer riesigen, störfreien Ebene. All das, weil die Frequenz der Radiosender nicht überall in Deutschland gleich ist. Will man uns damit einfach nur ärgern? Nein.
Der Grund dafür ist technischer Natur. Wenn sich die Wellen zweier Sender, die auf der gleichen Frequenz senden, kreuzen, entstehen Störungen oder Interferenzen die den einwandfreien Empfang unmöglich machen. Damit sich die Frequenzen nicht überschneiden, sind die Radios daher gezwungen, diese zu ändern.

WOHER STAMMT DER AUSDRUCK „CORDON BLEU"?

FRAGE VON HASARD46

Doppelte Frage, da es zwei Arten von Cordon bleus gibt: Einmal die Auszeichnung „Cordon bleu" für einen **HERVORRAGENDEN KOCH** und einmal das **PANIERTE SCHNITZEL MIT SCHINKEN UND KÄSE.**

EIN KOCH WÜRDE SAGEN, DER NAME KOMME VON EINEM ECHTEN KORDON, EINEM DEKORATIVEN BLAUEN BAND, AN DEM DIE ORDEN DER FRANZÖSISCHEN UND HOCH ANGESEHENEN RITTERSCHAFT DES HEILIGEN GEISTES BEFESTIGT WURDEN.

Nur dass diese Ritter, die selbst umgangssprachlich „Cordon bleus" genannt wurden, vor allem feine Gourmets waren. Sie speisten oft gemeinsam die vorzüglichsten Gerichte. Aufgrund dessen wurde den Orten, an denen ein „Cordon bleu" aß, oft eine gute Küche nachgesagt.

Den Ursprung des Gerichts, könnte man der Zubereitung des Originalrezepts zuschreiben, das zuerst von einem „Cordon bleu" (einem Ritter also) erfunden wurde.

Eine andere Hypothese wäre, dass das Band, mit dem die Scheiben der Schnitzel zusammengehalten wurden, zu Anfang der Rezeptentstehung blau war. Daher das „Cordon bleu", was übersetzt „blaues Band" bedeutet. Im Zweifel lasse ich einfach Sie selbst entscheiden, ich werde jetzt essen gehen …

WARUM IST ES WICHTIG, DEN ORT EINZUTRAGEN, WENN MAN EINEN SCHECK AUSFÜLLT?

FRAGE VON MARIE-LOU

Ich denke, ich bin nicht der Einzige, der sich diese Frage jedes Mal stellt, wenn er einen Scheck ausstellt. Den Grund der Summe, des Auftraggebers und des Datums verstehe ich natürlich.

Aber der Ort? Spielt es eine Rolle, ob ich Mühlhausen auf einen in Cloppenburg unterschriebenen Scheck schreibe? Nun ... ja, das tut es! Das ist eine ernste Angelegenheit!

DER ORT IST NICHT BLOSS DAZU DA UM SCHÖN AUSZUSEHEN, ER BEZIEHT SICH AUF DAS, IM FALLE EINES RECHTSSTREITS, ZUSTÄNDIGE GERICHT ZUR PRÜFUNG DES SCHECKS. Vermeiden Sie es also in Zukunft besser, Mühlhausen auf den Scheck zu schreiben, es sei denn, Sie wollen das örtliche Gericht dort besuchen.

HABEN GOLDFISCHE WIRKLICH EIN 3-SEKUNDEN-GEDÄCHTNIS?

FRAGE VON VALENTIN

NEIN! Das ist eine Legende! Auch wenn sie zugegebenermaßen nicht sehr intelligent aussehen, wenn man sie beobachtet ... Es ist jedoch nachgewiesen, dass Goldfische ein Gedächtnis von bis zu 3 Monaten haben! Das ist zwar auch nicht viel, aber auf jeden Fall besser als 3 Sekunden ... Nicht wahr, Dorie?

WIE LANGE DAUERT ES, BIS EIN BIC-KULI LEER IST?

Frage von Yann L.

Tun Sie nicht so unschuldig, wir alle haben uns diese Frage während der Schulzeit schon einmal gestellt. Ein BIC-Kuli ist einer dieser Gegenstände, die noch nie leer gesehen wurden (nun, außer vielleicht von den Mitarbeitern bei BIC oder Medizinstudenten).

Es ist wahr: Noch bevor die ganze Tinte benutzt wird, verlieren wir den Stift, er bricht, wir werden von einem Klassenkameraden abgezogen, dessen eigener Kuli bereits von jemand anderem geklaut wurde etc.

DAS LEBEN EINES BIC IST SO TRAURIG: Er wird Tag für Tag auf ein Blatt gedrückt, geht sein ganzes Leben lang von Hand zu Hand und wird doch nie vollständig aufgebraucht.

Das unbefriedigende Gefühl unerledigter Geschäfte beherrscht die BIC-Kulis dieser Welt und niemand kümmert sich darum. Niemand außer mir! Denn ich habe beschlossen einen der Kulis zu beenden, um endlich herauszufinden, wie lange man mit dem Stift tatsächlich schreiben kann.

DER NAME DER BIC-STIFTE STAMMT ÜBRIGENS VON IHREM FRANZÖSISCHEN ERFINDER MARCEL BICH. ALS ER SEINEN NAMEN AUF DEN STIFT SCHREIBEN WOLLTE, HATTE ER ANGST, DASS DIE NUTZER DAS „H" AM ENDE SEINES NAMENS MITAUSSPRECHEN WÜRDEN, OBOWHL ES EIN STILLER BUCHSTABE IST: ER ENTSCHIED SICH DAHER, ES ZU ENTFERNEN UM „BICHE"-STIFTE ZU VERMEIDEN.

EINE EINFACHE NACHMITTAGSBESCHÄFTIGUNG

Also kaufte ich mir ein paar Schulhefte und ließ mich bequem zu Hause nieder, bewaffnet mit einem blauen BIC-Kuli (warum nicht schwarz, rot oder grün? Keine Ahnung ...).

Mein Ziel war es zu wissen, wie viel Zeit ich aufbringen, welche Strecke ich zurücklegen oder wie viele Sehnenentzündungen ich mir holen musste, bis ich das Ende des Stiftes erreichen würde. Meine Idee: Mit ein wenig Entschlossenheit, würde die Aufgabe in ein paar Stunden erledigt sein. Das dachte ich auf den ersten 50 Seiten, für die ich bereits Stunde um Stunde gebraucht hatte. Aber vor allem wurde mir am Ende der ersten 50 Seiten klar, dass sich der Kuli nicht einmal die Mühe gemacht hatte, seinen Tinten-stand auch nur um ein paar verdammte Zentimeter zu senken. Er verspottete mich und forderte mich hinterhältig dazu heraus, es zu beenden. Ich muss zugeben, dass ich ihn in diesem Moment fast gewinnen ließ, aber da ich ein hartnäckiger Mensch bin, und vor allem, nachdem ich erkannt hatte, dass ich gegen einen Stift kämpfte, blieb ich dran. Wenn ich gegen einen BIC-Kuli verlor, wie weit würde ich auf meiner Selbstachtungsskala dann sinken?
Also nahm ich meinen ganzen Mut zusammen und den Stift in die Hand und ich schrieb um jeden Preis weiter, wie eine stoische und verlässliche Maschine.

... WURDE ZU 5 TAGEN HÖLLE

Als ich von stoischer und verlässlicher Maschine sprach, handelte es sich natürlich nur um den ersten Tag. Denn als es Abend wurde, als mir klar wurde, dass ich das für mehrere Tage tun musste, hatte ich nicht viel Zeit. Aber es war zu spät, es gab kein Zurück. Also ging ich mit einem stechenden Schmerz im Handgelenk ins Bett und mir war, als ob mir der BIC im Schlaf zuflüsterte: „Gib auf, ich bin der Stärkste!"
Natürlich stand nicht zur Debatte, den Stift gewinnen zu lassen.
So stand ich am zweiten Tag wieder auf dem Schlachtfeld, oder besser gesagt am Kriegshandgelenk, vor meinem Morgenkaffee. Am Ende meines ersten Notizbuches bettelte mein Handgelenk mich an, aufzuhören. Aber ich hörte ihm nicht zu: Krieg ist Krieg! Ich brauchte 5 Tage Durchhaltevermögen und 4 Schulhefte, um den BIC endlich leerzuschreiben.

Heute kann ich sagen, dass der einzige Kampf, den ich je in meinem Leben gewonnen habe, gegen einen Stift war ...
Aber ich freue mich, Ihnen mitteilen zu können, dass Sie mit einem BIC-Kuli 296 Seiten oder 9089 Zeilen schreiben können, was etwa 100000 Wörtern entspricht und einer Entfernung von 1,49 km!

WARUM IST DER AMERIKANISCHE DOLLAR GRÜN?

FRAGE VON CAMILLE G.

Die grüne Farbe des Dollars ist auf Tracy R. Edson von der United States Banknote Company zurückzuführen. Um die Entstehung von Falschgeld und die Nachahmung alter Banknoten zu bekämpfen, entwickelte er um 1850 eine farbige Tinte, die allen damals bekannten Lösungsmitteln standhielt.

DIE FRAGLICHE TINTE IST UNAUSLÖSCHLICH ... UND GRÜN! Und auch heute noch färbt man alle amerikanischen Banknoten damit.

WARUM TRAGEN DIE MENSCHEN IN DEN MEISTEN LÄNDERN DEN EHERING LINKS?

FRAGE VON SOPHIE M.

Diesen Brauch haben die alten Griechen und Ägypter entwickelt. Griechische Ärzte im Jahre 300 n. Chr. gingen davon aus, dass eine bestimmte Vene im linken Arm direkt zum menschlichen Herzen, dem Gefühlszentrum, führte. Man nannte sie poetisch die „Liebesader". Dieser Brauch ist in den meisten Ländern bis heute beibehalten worden. In Deutschland trägt man den Ehering übrigens typischerweise rechts, doch immer mehr Paare entschließen sich mittlerweile für den linken Ringfinger.

UNNÜTZES WISSEN FÜR DEIN
NONSENS-KNOW-HOW

Wenn Sie noch nicht genug von meinem unnützen Wissen haben, finden Sie mich auf meinem YouTube-Kanal *Les Questions Cons*. Dort können Sie mir, was besonders toll ist, sogar Kommentare zu einem meiner Videos hinterlassen, falls Ihre Frage in diesem Buch nicht beantwortet wurde.

ANDERNFALLS KÖNNEN SIE IHRE FRAGEN AUCH AUF FACEBOOK STELLEN:

http://www.facebook.com/lesquestionscons

ODER HIER:

http://www.twitter.com/lqcvideos

AUS DEM HEEL VERLAG

120 Seiten, Broschur, 125 x 197 mm,
ISBN 978-3-95843-799-9 | **€ 7,99**

128 Seiten, Klappenbroschur, 170 x 225 mm,
ISBN 978-3-95843-629-9 | **€ 12,99**

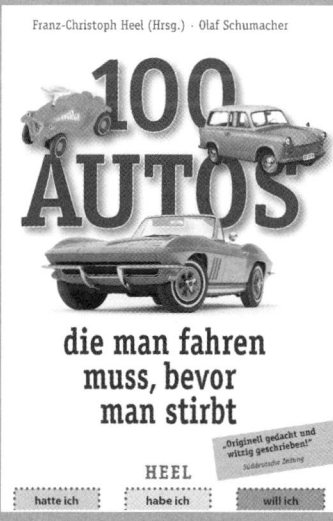

112 Seiten, Broschur, 127 x 192 mm,
ISBN 978-3-95843-780-7 | **€ 7,99**

160 Seiten, Broschur, 152 x 230 mm,
ISBN 978-3-95843-772-2 | **€ 14,99**